公式ガイドブック

ドラゴン・ハート
DRAGON HEART
—霊界探訪記—

『ドラゴン・ハート —霊界探訪記—』製作プロジェクト 編

目に見えない本当の世界

今、地獄界《じごくかい》の増大と、
地上世界における、
生きている人たちの心のあり方の、悪の蔓延《まんえん》に、
たいへん心配を重ねています。
どうか、人々に、強くあってほしいと思うし、
「目に見えない世界が本当の世界で、
目に見える世界が仮《かり》の世界だ」という、
実に、この世的に足場を置《お》いている者にとっては、
分かりにくいことではあろうけれども、
「この世で目が見えている者が実は見えていなくて、
この世のものでないものが見えている者が、
本当に目が見えている者である」という、
逆説《ぎゃくせつ》的な真理を
学んでいただきたいと思います。

大川隆法著『地獄の法』第5章
救世主からのメッセージより

PROLOGUE

これさえ分かれば、
すべての宗教の根本《こんぽん》にあることが、
その意味が分かると思います。
この世のあらゆる苦しみや悲しみも、
来世《らいせ》以降の幸福のためにあるものです。
ですから、この世の苦しみや悲しみを、
そのまま、自分の人生と
同一視《どういつし》してはなりません。
経験《けいけん》は経験——。
しかし、そこから学び取ってこそ、
真実は光ってくるものだということを、
忘《わす》れないでいただきたいと思います。（中略）

本当に尊《とうと》いものを尊いものとして、
尊くないものは尊くないものとして、
見分けて生きていくことを望《のぞ》みたいと思います。

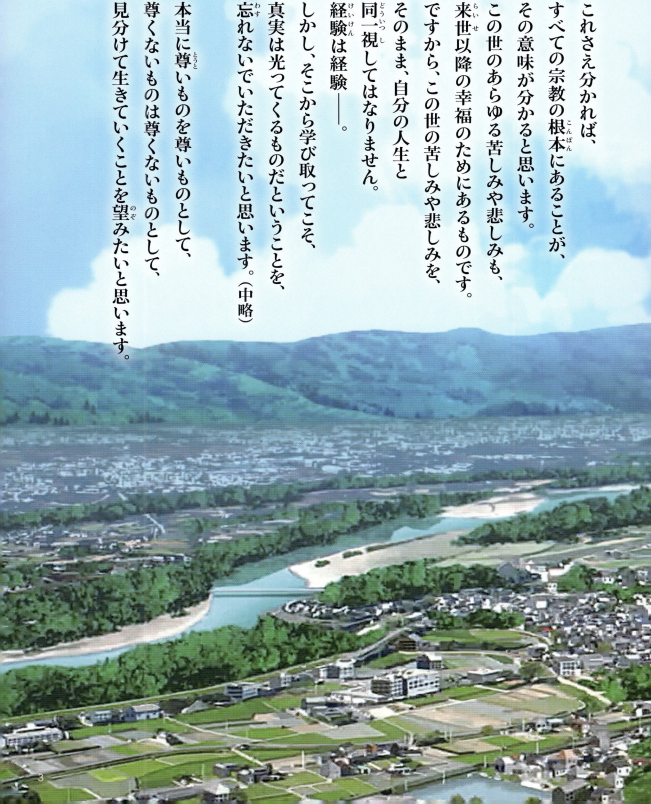

さあ、次の旅へ、旅立とうじゃないか。
この世を離れて、あの世の世界へ！
まだ誰も見たことのない未知の世界へ！

主題歌「ドラゴン・ハート」歌詞より

CONTENTS

STORY & SCENE GRAVURE

夏休みの始まり

徳島といえば
高越山《こおつさん》に剣山《つるぎさん》も
あったな。

ストーリー紹介

東京にある港《みなと》ヶ《が》丘《おか》中学校に通う三年生の田川竜介《たがわりゅうすけ》は、卒業前の最後の夏休みに、自らが部長を務める登山部の合宿計画を立てていた。

しかし、部員たちの予定が合わず、楽しみにしていた合宿は中止となってしまう。

夏休みの予定がなくなって気落ちする竜介だったが、母親に、叔母《おば》の佐藤隆子《たかこ》から送られて来た阿波踊《あわおど》りの絵葉書を見せてもらう。

隆子は徳島に住んでおり、竜介の一つ年下の従妹《いとこ》・知美《ともみ》もいる。仕事で行けないという母に、竜介は一人で徳島に行こうと決意をする。

風光明媚《ふうこうめいび》な徳島に思いを馳《は》せ、竜介はどの観光地を回ろうか悩んでいた。まずは、知美の父・昭彦《あきひこ》のすすめで、知美と一緒に、日本一の清流と謳《うた》われる穴吹川《あなぶきがわ》へ向かうことにした。

おこおっつぁーん!

私たち……飛んでる!?

山好きの竜介は、都会の喧騒《けんそう》から離れて、美しい自然に身を任せる。そして、地元の子供たちがするように、穴吹川から見える阿波富士・高越山に向かって、「おこおっつぁーん!」と大声で叫んだ。

そんなとき、竜介と知美は、川のほとりに河童《かっぱ》の姿を見つける。突如《とつじょ》現れた妖怪《ようかい》に興味を引かれ、河童を追いかけようと走り出す竜介。しかし、河童は川に飛び込んでいなくなってしまい、竜介の後を追う知美が足を滑らせて川に落ちてしまう。

竜介は知美を助けようと果敢《かかん》に川に飛び込むが、流れが速く、二人は深い水底《みなそこ》へと沈んでいってしまう。

ふと目を覚ますと、二人は体長二十メートル程もある巨大な深緑色の龍《りゅう》の背中に乗っていた。

ジェットコースターのように激しい龍の飛翔《ひしょう》に驚きながら、竜介と知美は霧《きり》の立ち込める渓谷《けいこく》・大歩危小歩《おおぼけこぼ》危《け》へと降り立った。

STORY & SCENE GRAVURE

謎《なぞ》の老仙人《ろうせんにん》との出会い

龍の背中から降りた竜介と知美は、自分たちの体が幽霊《ゆうれい》のように透《す》けていることに気づく。

うろたえる二人のもとに、不思議な老仙人が現れる。どうやら、川に落ちた二人を助けてくれたようだ。しかし、老仙人が告げたのは衝撃《しょうげき》の事実だった。なんと、二人はもうすでに死んでしまったというのだ。

まだ中学生の竜介と知美は、突然の出来事に事実を受け入れられず混乱する。「まだ死にたくない」と主張する二人に、老仙人は、なぜ死にたくないのか、理由を問う。

いざ訊《き》かれると、二人はうまく答えられない。それでも何か、やらなければいけないことがある――。つたないながらも自分たちの正直な気持ちを伝えようとする。そんな二人に熱意を感じた老仙人は、霊界探訪《たんぼう》をするよう告げる。そして、旅を通して人生でなすべきことを見つけたら、元の世界に還《かえ》してくれるという。

竜介と知美は、再び龍の背中に乗って、未知なる世界へ冒険《ぼうけん》に出る。

竜介くんの足……
透けてるよ。

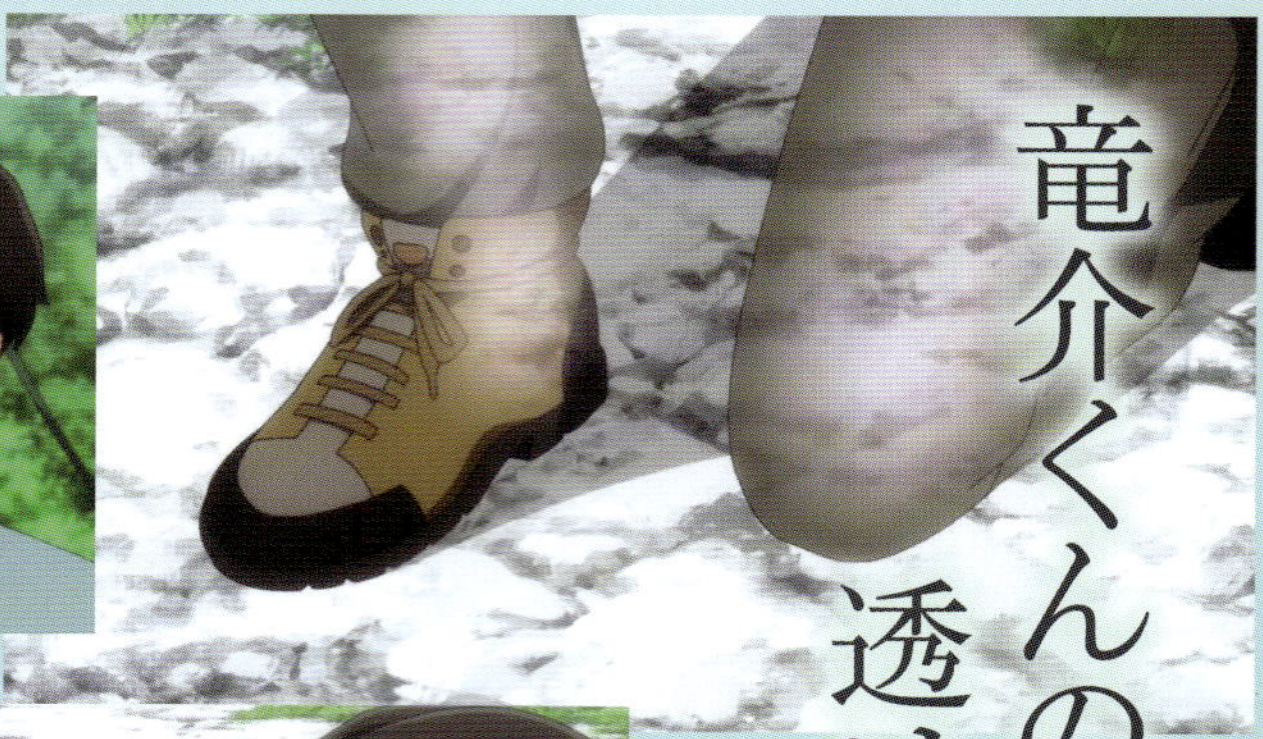

何かやらなきゃいけない
ことがあるって
ずっと前から感じてて……

未知なる世界に
飛び込む勇気が
若者の特権じゃぞ。

STORY & SCENE GRAVURE

突然始まった地獄《じごく》巡り

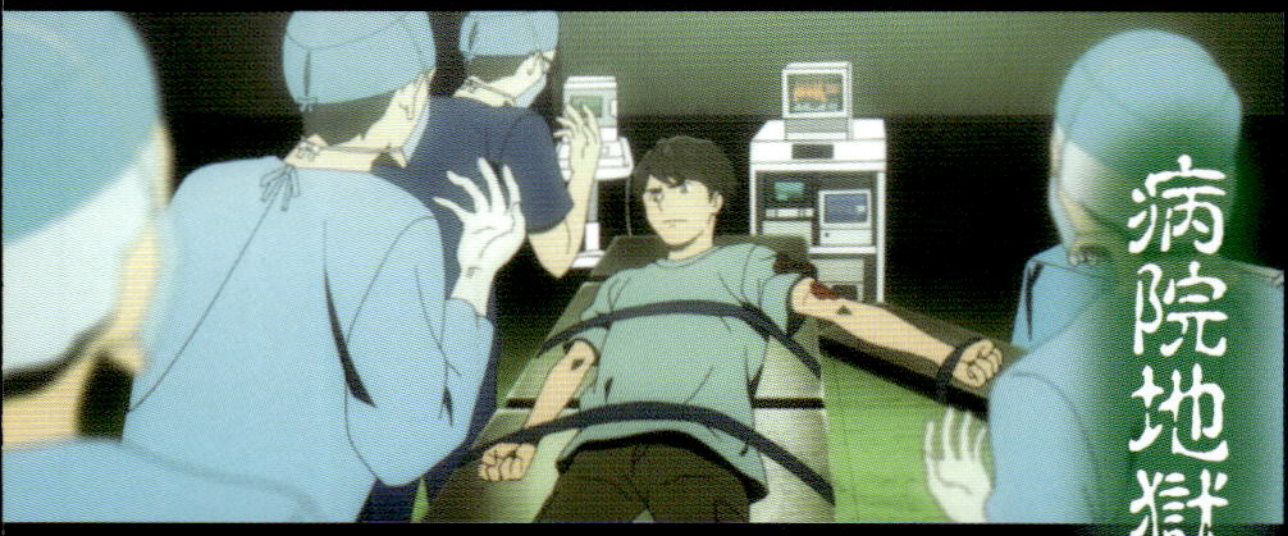

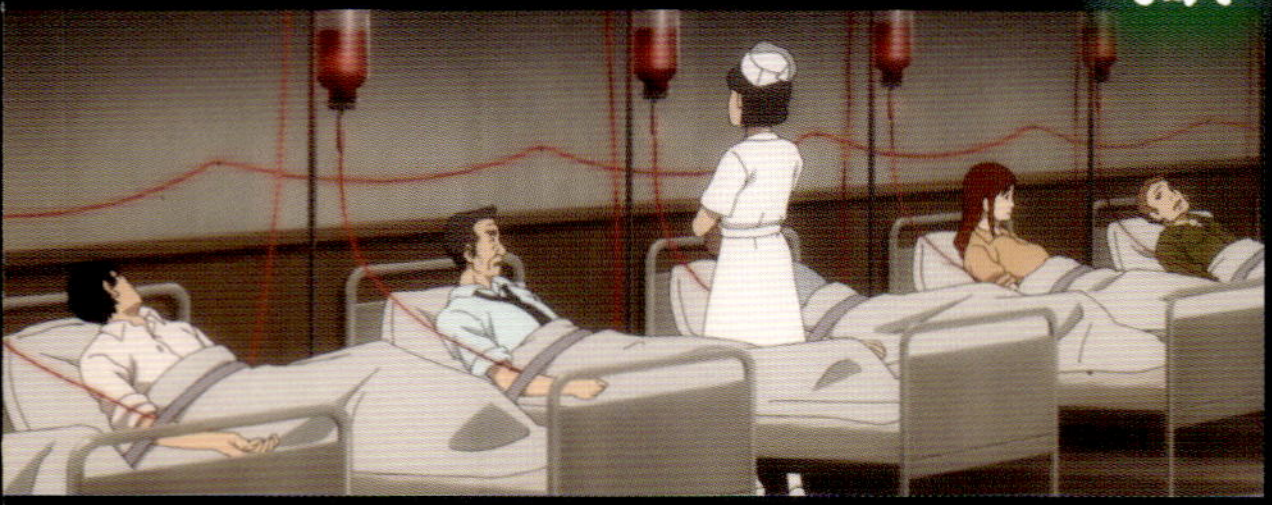

病院地獄

無頼漢地獄

もしかして、地獄なのか？

神様は何度でもやり直す機会を与えてくださっているのよ。

霊界探訪へ飛び出した竜介と知美。しかしいつの間にか、龍の姿はなくなっていた。突然、霊界に取り残された二人は、次々と予想もしない出来事に巻き込まれていく。

暴力や殺し合いが横行する、昭和四十年代ごろの繁華街《はんかがい》を思わせる薄暗い町。多数の患者を抱《かか》え、恐《おそ》ろしい凶器《きょうき》で身体を切り刻《きざ》むことを「治療」と称する病院。覆面《ふくめん》の男たちに襲撃《しゅうげき》され、爆発《ばくはつ》を繰り返す奇妙《きみょう》な列車。そして、派手に着飾った妖《あや》しげな女性たちが集う洋館。人の言葉をしゃべり、人の顔を持つ動物たちが棲《す》む醜悪《しゅうあく》な世界——。

二人が巡っているのは、どうやら「地獄」といわれる世界のようだった。

地獄の亡者《もうじゃ》たちに追われるなかで、竜介は「閻魔庁《えんまちょう》」と書かれた厳《おごそ》かな建物に辿《たど》り着く。そして閻魔大王から、この世界には今も数多くの地獄が存在すること、さらに、現代では半分以上の人間が、死後、地獄に堕《お》ちることを教えてもらうのだった。

正義のために
犠牲《ぎせい》は必要だ。
テロ・戦争地獄
色情地獄
なんで……
こんなの
あんまりだろ……！
助けなきゃ……
畜生道
寒冷地獄
焦熱地獄

STORY & SCENE GRAVURE

地獄を抜けて次なる世界へ

肉体と魂《たましい》の違いが分からない時代が来たとは……
まだ地上には還れません！

幾多《いくた》の危機を乗り越えて地獄を脱出した竜介と知美は、深い絆《きずな》で結ばれていた。そして、地獄霊たちの姿を目の当《ま》たりにし、「苦しんでいる人たちを助けられるような人になりたい」と心から願うのだった。

決意を新たにする二人の前に、高越神社の御祭神《ごさいじん》である天日鷲命《あめのひわしのみこと》が現れる。そして、地獄巡りを経《へ》た二人を、さらなる冒険へといざなうのだった。

中国の女神《めがみ》である洞庭湖《どうていこ》娘娘《ニャンニャン》から「桃源郷《とうげんきょう》」の場所を示され、さらには、地球の霊的中心地である「シャンバラ」へ――。エベレストの地下空洞《くうどう》にあるといわれるシャンバラは、招かれた者しか入れない神秘の世界だった。

二人の旅はまだまだ終わらない。竜介と知美は、未知なる世界へ向けて、再び龍の背中に乗って遥《はる》かなる上空へと飛び出した。

人間の本質は
肉体ではなく
魂じゃ。

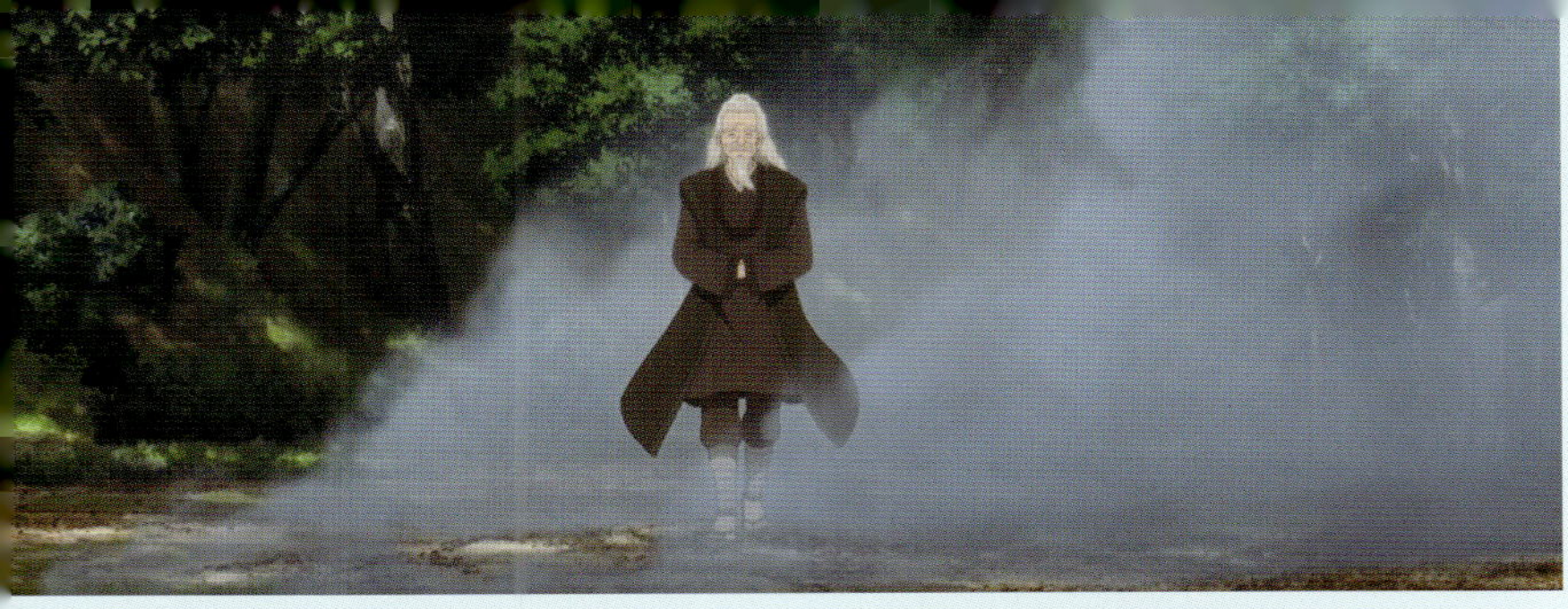

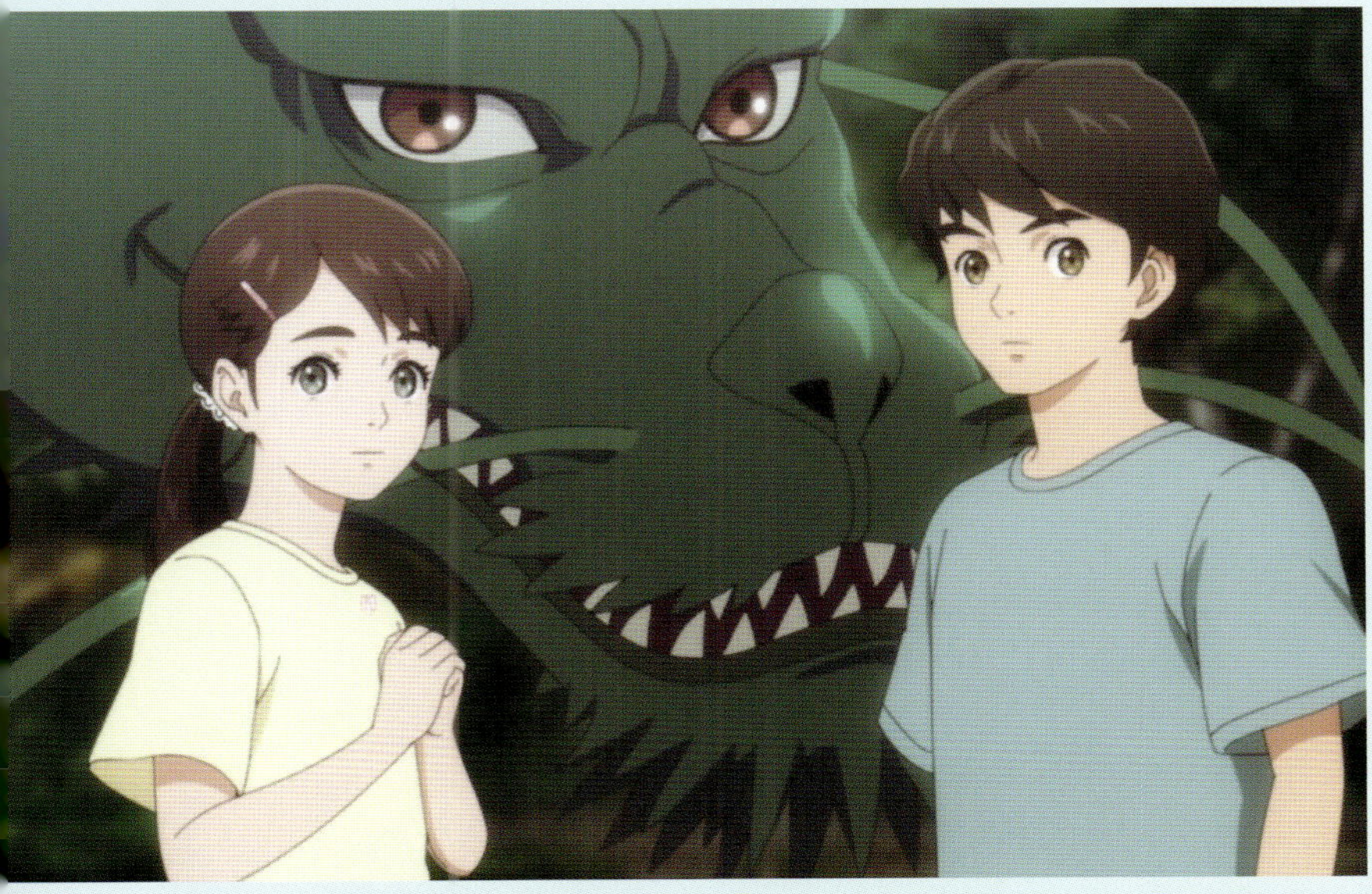

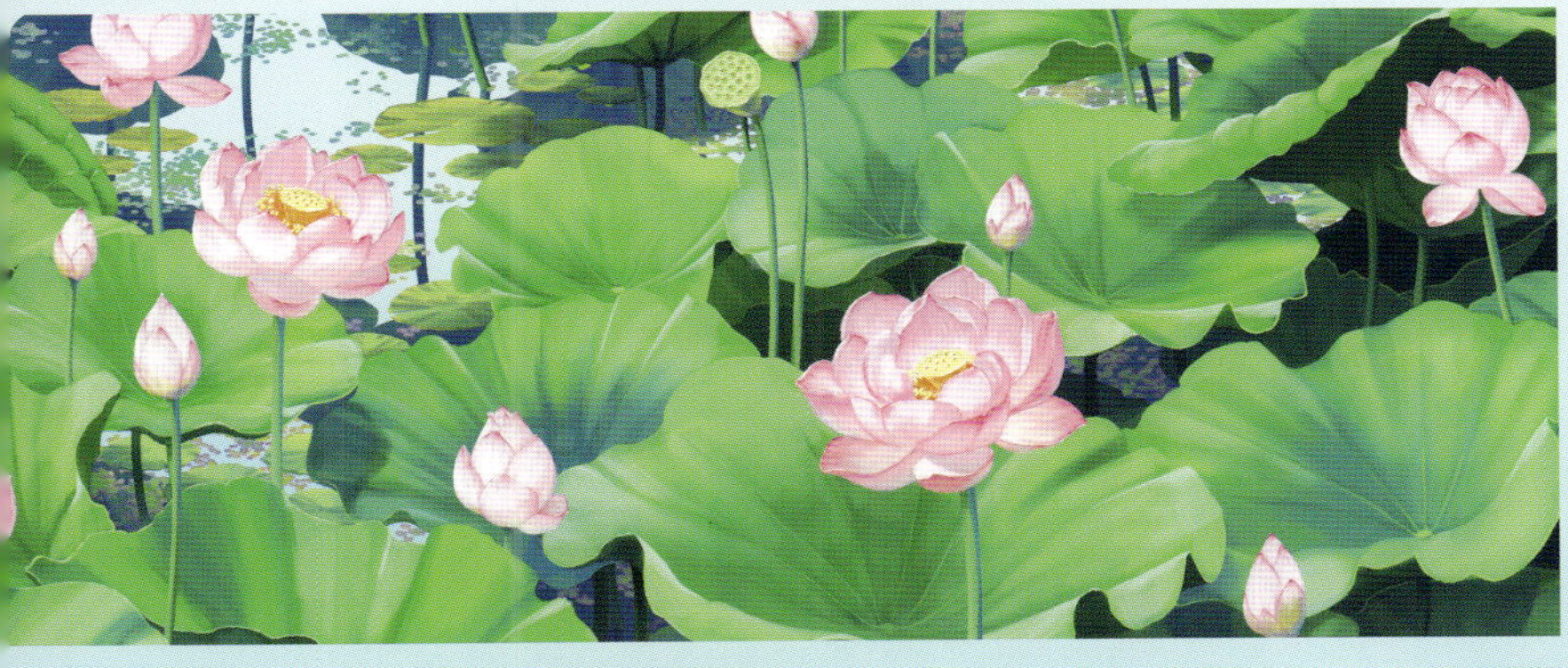

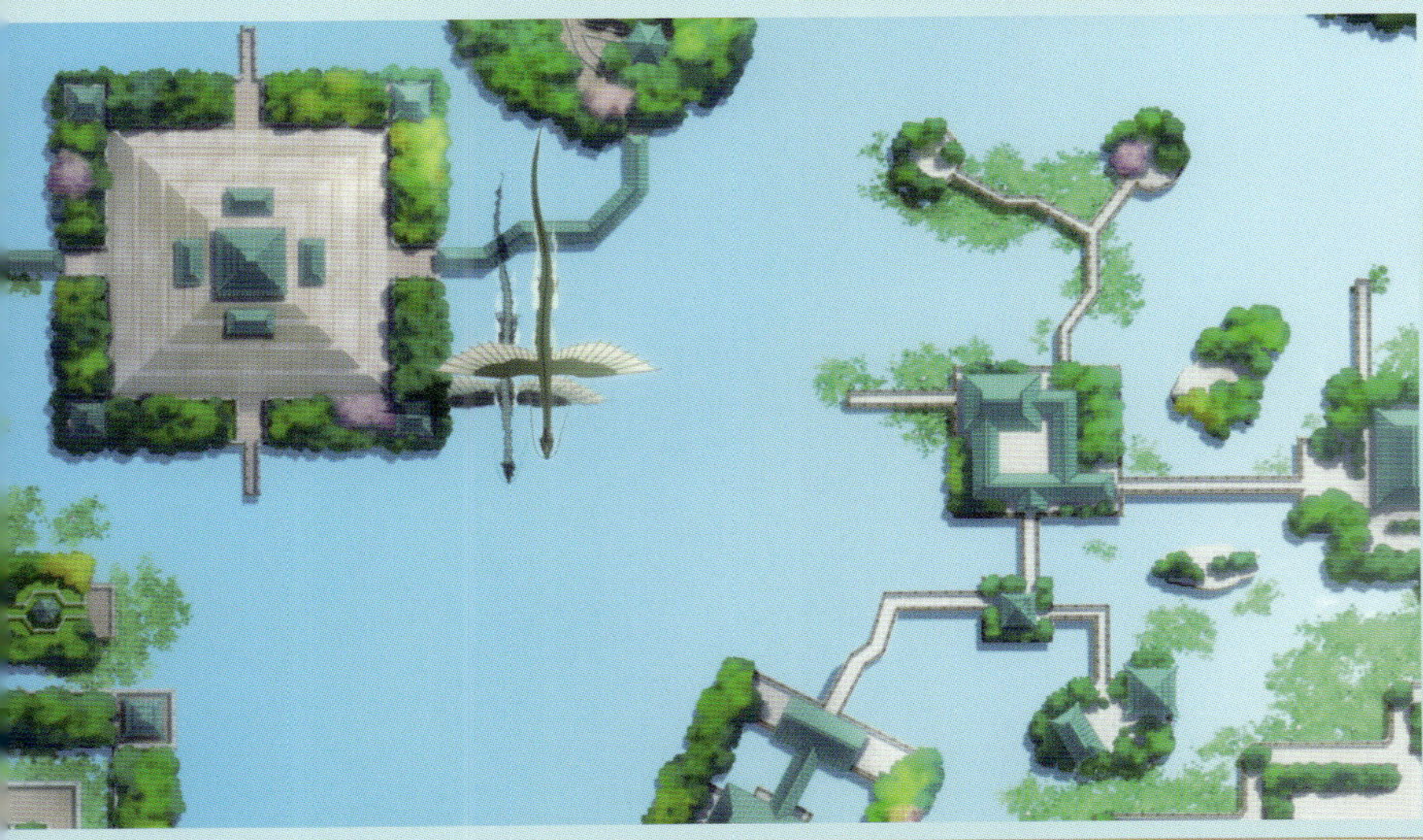

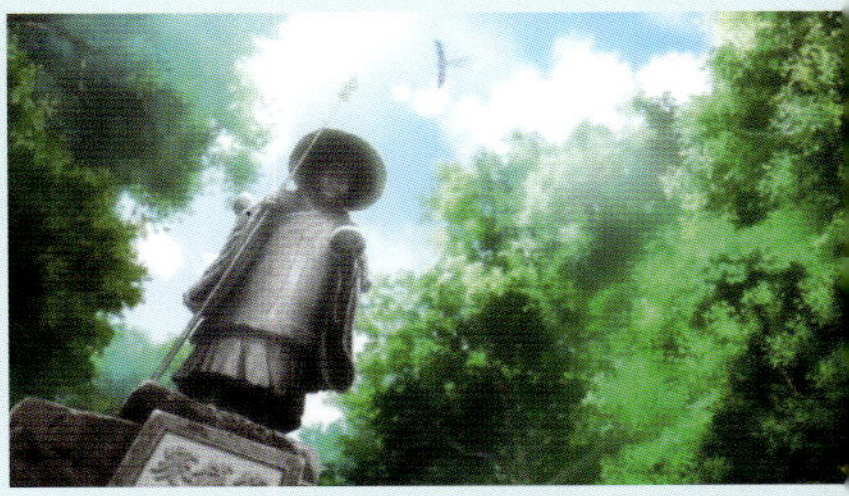

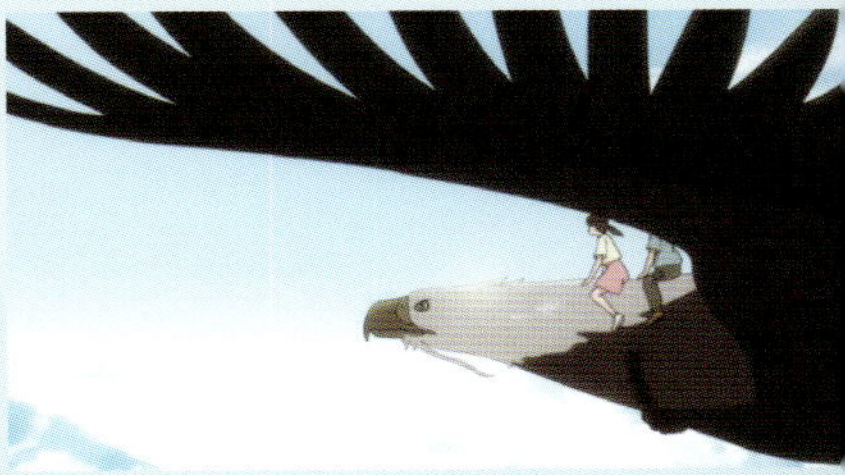

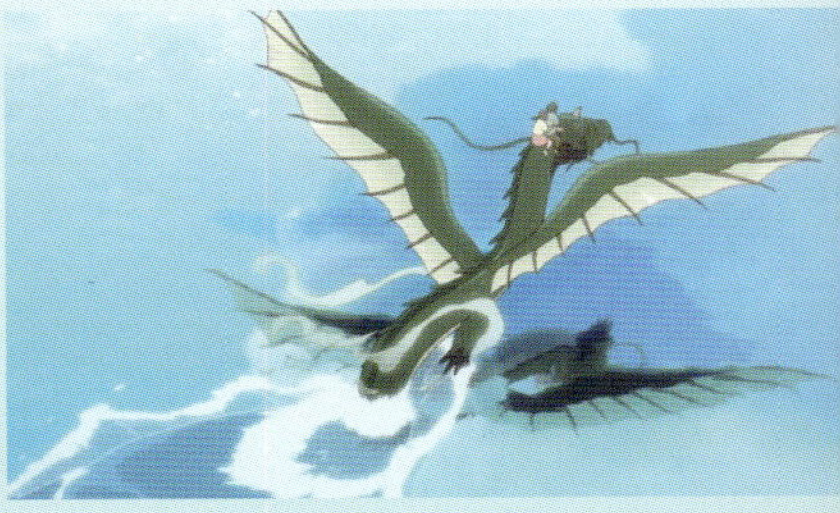

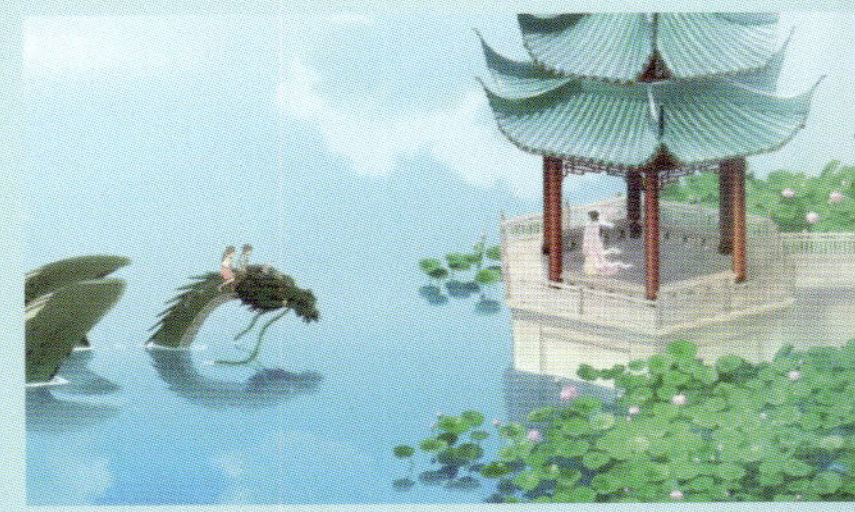

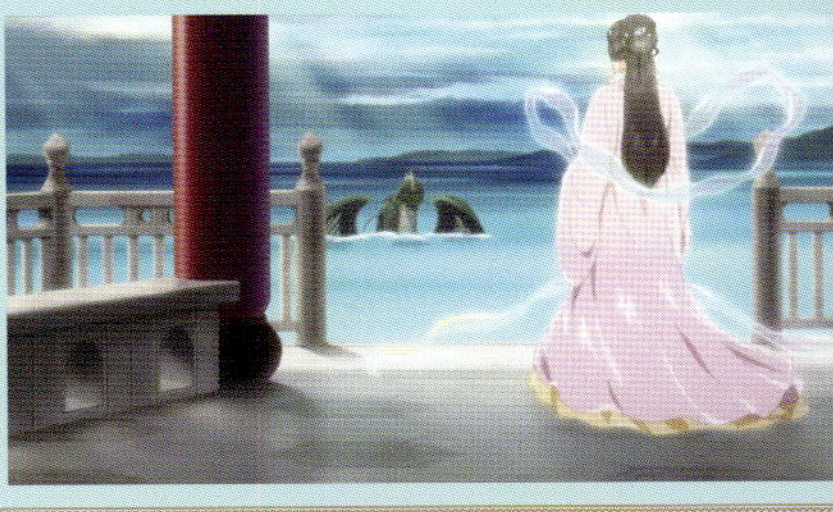

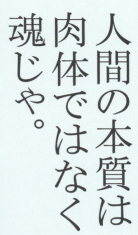

STORY & SCENE GRAVURE

さらなる冒険へ

ネパール・カトマンズ

中国

インド・ブッダガヤ

桃源郷

エベレスト

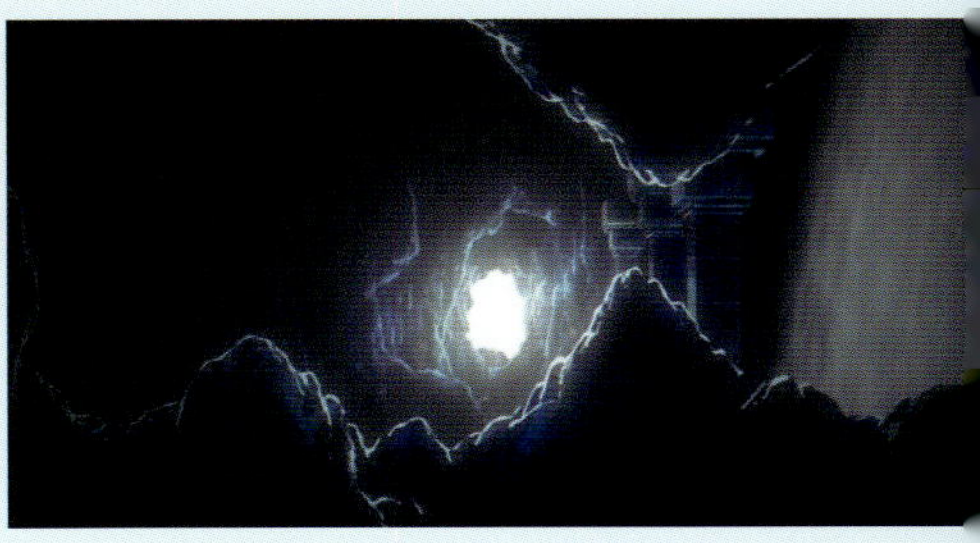

須弥山《しゅみせん》

飛翔するドラゴンに導かれて
二人はまだ誰も見たことのない
未知の世界へ！

シャンバラ

歌詞

ドラゴン・ハート

〈主題歌〉

作詞・作曲 大川隆法

例《たと》えば、君《きみ》は、こんな危険《きけん》な旅《たび》に出《で》て、
一日《いちにち》を過《す》ごせるだろうか。

空《そら》を飛《と》んで行《い》くことが、
こんなにも風《かぜ》を感《かん》じて、空気《くうき》が冷《つめ》たくなるなんて、
誰《だれ》が、体験《たいけん》したことがあるだろう。
水《みず》の中《なか》から空《そら》へ向《む》かって、まっしぐらに飛《と》んでゆく。
それは、現代《げんだい》の奇跡《きせき》。

でも、奇跡《きせき》は、それでは終《お》わらない。

ドラゴン・ハートは、
それでは止《と》まらない。止《と》まらない。止《と》まらない。
さあ、次《つぎ》の旅《たび》へ、旅立《たびだ》とうじゃないか。
この世《よ》を離《はな》れて、あの世《よ》の世界《せかい》へ！
まだ誰《だれ》も見《み》たことのない未知《みち》の世界《せかい》へ！
様々《さまざま》な地獄《じごく》が目《め》の前《まえ》に広《ひろ》がるよ。
君《きみ》は、この衝撃《しょうげき》に耐《た》えられるかな。

ドラゴン・ハート！ 勇気《ゆうき》を持《も》って、厳《きび》しさに耐《た》え抜《ぬ》いて、
つんざく風《かぜ》の中《なか》を、早《はや》く飛《と》んでゆくのさ。
緑色《みどりいろ》のこの龍《りゅう》の背中《せなか》が、すべてを支配《しはい》する。
自分《じぶん》たちの運命《うんめい》をも。
さあ行《ゆ》け、勇気《ゆうき》ある者《もの》よ、
ドラゴン・ハートを持《も》って。
ドラゴン・ハートを持《も》っている者《もの》だけが、
危険《きけん》な地獄《じごく》の鬼《おに》たちから逃《のが》れて、
次《つぎ》の冒険《ぼうけん》に繰《く》り出《だ》すことができるのさ。

Ha Ha …

Ah 地獄巡《じごくめぐ》りで、終《お》わりはしないと心《こころ》に誓《ちか》った。
だから、さらなる上《うえ》を目指《めざ》して飛《と》ぶよ。
ゆけ、ドラゴン！
自分《じぶん》たちを、どこまでも導《みちび》いて飛《と》んでゆけ！

Ah 初《はじ》めての世界《せかい》が、そこにある。
未知《みち》への探検《たんけん》、霊界探訪記《れいかいたんぼうき》。
これが、真実《しんじつ》の世界《せかい》だなんて、
一体《いったい》、どうやって伝《つた》えることができるのか。
そんなことは、後《あと》から考《かんが》えてみよう。

Ah Ah、エベレストの山《やま》の中《なか》に、
シャンバラがあって、
さまざまな仙人《せんにん》たちが、修行《しゅぎょう》に励《はげ》んでいるのを見《み》た。
そして、地上《ちじょう》に現《あらわ》れたと思《おも》ったのに、
須弥山《しゅみせん》の山《やま》は、どこまでも遠《とお》くて、
宇宙《うちゅう》に突《つ》き抜《ぬ》ける。

ドラゴン・ハートよ、自分《じぶん》たちを導《みちび》きたまえ。

Ah Ah Ah …

試聴はこちら

シングル CD「ドラゴン・ハート」及び、
「映画『ドラゴン・ハート―霊界探訪記―』
オリジナル・サウンドトラック」に収録！

歌詞

Exciting Love〈挿入歌〉

作詞・作曲　大川隆法

僕《ぼく》たちは、
いつも新《あたら》しい何《なに》かを求《もと》めてる。
だから、ひと夏《なつ》の経験《けいけん》を、
とても期待《きたい》している。

この夏《なつ》は、何《なに》があるかな?
川《かわ》や、山《やま》や、空《そら》に、
何《なに》か Exciting Love を、
見《み》つけたい。
そんな気持《きも》ちが、
僕《ぼく》たちを駆《か》り立《た》てる。

Exciting Love、
そりゃそうでしょう。
上《うえ》になったり、下《した》になったり、
風《かぜ》を切《き》って飛《と》んでいくから、
遥《はる》かに遠《とお》くまで舞昇《まいのぼ》っていくから。

Ha Ha Ha Ha、
Love is exciting!
Exciting Love!
Love は Exciting じゃなければ、
本物《ほんもの》の Love ではあり得《え》ない。
恐怖《きょうふ》にとらわれて、
ハラハラ、ハラハラしてこそ、
心臓《しんぞう》がパクパクいうのを感《かん》じる。

だから、You & I、
両方《りょうほう》がお互《たが》いを必要《ひつよう》としているんだ。
昇《のぼ》るばかりの恐怖《きょうふ》ではない。
真《ま》っ逆《さか》さまに落《お》ちる時《とき》の、
この怖《こわ》さよ。
相手《あいて》ただ一人《ひとり》が、
頼《たよ》りになるのに、
二人《ふたり》の胸《むね》はドキドキときめいて、
恐怖体験《きょうふたいけん》が恋愛体験《れんあいたいけん》と同《おな》じくなるのよ。

Hi Hi Hi!
Hi Hi Hi!

だから、ひと夏《なつ》の夢《ゆめ》。
だから、ひと夏《なつ》の初恋《はつこい》。
だから、はじめて女《おんな》の子《こ》だと悟《さと》り、
男《おとこ》の子《こ》は勇気《ゆうき》を示《しめ》してみせる。

Dragon, Fly!
Higher and higher!
私《わたし》たちを、きりきり舞《ま》いにしてよね。
たまには涙《なみだ》も流《なが》してみたいわ。

Ha Ha Ha Ha、
あなたと僕《ぼく》とが、
苦《くる》しんだり、悲《かな》しんだりしてるんじゃないのだと。
この夏《なつ》の体験《たいけん》を大切《たいせつ》にしたいだけ。

Exciting Love.
Exciting Love.
どこまでも、どこまでも飛《と》んでいけ!
僕《ぼく》たちを乗《の》せて、
遥《はる》かに遠《とお》くへ飛《と》んでいけ、
二人《ふたり》の恋愛体験《れんあいたいけん》よ。

Hah Hah Hah…

試聴はこちら

「映画『ドラゴン・ハート―霊界探訪記―』
オリジナル・サウンドトラック」に収録!

歌詞

高越山《こおつさん》

〈挿入歌〉

作詞・作曲　大川隆法

ああ、ここは阿波《あわ》の徳島《とくしま》。
ここに、流《なが》れているのは吉野川《よしのがわ》。
それを上《のぼ》れば、穴吹川《あなぶきがわ》がある。
川《かわ》の上《うえ》には、潜水橋《せんすいきょう》が架《か》かっているよ。
川《かわ》から見《み》上《あ》げれば、阿波富士《あわふじ》がある。
阿波富士《あわふじ》って分《わ》かるかな？
高越山《こおつさん》のこと。
でも、僕《ぼく》らは、高越山《こおつさん》とは呼《よ》ばない。
「高越山《おこおっつぁん》」「高越山《おこおっつぁん》」「高越山《おこおっつぁん》」
どうか、僕《ぼく》らの願《ねが》いを叶《かな》えてよ。
僕《ぼく》らは、高越山《おこおっつぁん》に全《すべ》てを託《たく》します。
そこに、神聖《しんせい》な何《なに》かを感《かん》じているから。

天日鷲命《あめのひわしのみこと》よ、
あなたが、ここを護《まも》っておられるとは初《はじ》めて知《し》りました。
その顔《かお》には、見覚《みおぼ》えが確《たし》かにあります。
僕《ぼく》らの知《し》ってる天日鷲命《あめのひわしのみこと》よ。

神様《かみさま》か、いや仙人《せんにん》か。
それは分《わ》からないけど、とっても特別《とくべつ》な力《ちから》をお授《さず》け下《くだ》さい。

龍《りゅう》に乗《の》って、僕《ぼく》らは旅《たび》をする。
旅《たび》の安全《あんぜん》をお守《まも》り下《くだ》さい。
阿波富士《あわふじ》よ。
その守護神《しゅごしん》よ。

ホレ！踊《おど》る阿保《あほ》に見《み》る阿保《あほ》。同《おな》じ阿保《あほ》なら踊《おど》らにゃ損損《そんそん》！
ア〜、ハ〜、ハ〜。
高越山《おこおっつぁん》からエベレスト。エベレストから須弥山《しゅみせん》。須弥山《しゅみせん》から眉山《びざん》へ。
阿波踊《あわおど》り、ホイホイ。
踊《おど》る阿保《あほ》に見《み》る阿保《あほ》。同《おな》じ阿保《あほ》なら踊《おど》らにゃ損損《そんそん》！

狸《たぬき》だって！踊《おど》り出《だ》す！
高越山《おこおっつぁん》！高越山《おこおっつぁん》！踊《おど》り出《だ》す！
踊《おど》る阿保《あほ》に見《み》る阿保《あほ》。龍《りゅう》に乗《の》るのはもっと阿保《あほ》。
踊《おど》らにゃ損損《そんそん》！
不思議《ふしぎ》な体験大歓迎《たいけんだいかんげい》。
皆幻《みんなまぼろし》で終《お》わってしまっても、構《かま》わない。

大人《おとな》は誰《だれ》も信《しん》じない。
結構《けっこう》、結構《けっこう》、結構《けっこう》よ！
でも、僕《ぼく》らは、龍《りゅう》の上《うえ》で、阿波踊《あわおど》りを踊《おど》るんだ！
踊《おど》る阿保《あほ》に見《み》る阿保《あほ》。
高越山《おこおっつぁん》から飛《と》んでくよ！

ホ〜、ホ〜、ホ〜。
天日鷲命様《あめのひわしのみことさま》、

きっと、いつかは、
本当《ほんとう》の神《かみ》になって僕《ぼく》たちを祝福《しゅくふく》して下《くだ》さい。
阿波富士《あわふじ》に、祈願《きがん》を掛《か》けました。
どうか、皆《みな》さんも来《き》て下《くだ》さい。
不思議《ふしぎ》な体験《たいけん》が待《ま》ってます。
ララ〜、ララ〜、ラ、ラ〜、ラ、ラ！

試聴はこちら

「映画『ドラゴン・ハート―霊界探訪記―』
オリジナル・サウンドトラック」に収録！

歌詞

From Hell to Hell〈挿入歌〉

作詞・作曲 大川隆法

さあ、来《き》たぜHell。
ここがHell。
みんなのHell。
君《きみ》たちゃ知《し》らないだろうけど、
現代人《げんだいじん》の半分以上《はんぶんいじょう》はHellに来《く》る。

Hellってなんだ?
地獄《じごく》だよ!
地獄《じごく》って何《なん》だい?
そりゃ人《ひと》の悪《わる》い心《こころ》の数《かず》だけ、地獄《じごく》があるのさ!
だからHellには、なかなかTheが付《つ》かないんだよ。

ここにもHell!
あそこにもHell!
あっちもHell!
ここもHell!
その下もHell!

Hell Hell Hell Hell…
Hell! Hell!
From Hell to Hell!
From Hell to Hell!

どんな地獄《じごく》がお好《この》みか、あなたは選《えら》ばなきゃならない。
殴《なぐ》り合《あ》ってる Hell もある！
盗《ぬす》んでばかりの Hell もある！
殺《ころ》してばかりの Hell もある！
女好《おんなず》きの Hell もある！
血《ち》の池地獄《いけじごく》！ 針《はり》の山《やま》！
電気《でんき》のこぎり！ なんでもある！

現代《げんだい》の Hell は進《すす》んでいるぜ。
電気《でんき》ショックの Hell もある。
死《し》んでも、死《し》んでも蘇《よみがえ》る。
蘇《よみがえ》って、また殺《ころ》される。
こんな循環《じゅんかん》やめられない！
こんな循環止《じゅんかんと》まらない！
どうしたら、逃《のが》れられるのか。
From Hell to Hell!
Hell から Hell に逃《のが》れても、
逃《のが》れたことにはならない。

天使《てんし》よ！
教《おし》えておくれ！
この焦熱地獄《しょうねつじごく》！
この寒冷地獄《かんれいじごく》！
この不自由《ふじゆう》な世界《せかい》！
悪魔《あくま》だってやって来《く》る！
小悪魔《こあくま》いっぱいやって来《く》る！
どうやったらこの Hell から
逃《のが》れられるのか。
教《おし》えてよ、神様《かみさま》。
どうやったら、逃《に》げ出《だ》せるの。

From Hell to Hell!
何百年《なんびゃくねん》いたら分《わ》かるのか。
From Hell to Hell!
From Hell to Hell!
さあ、心《こころ》を強《つよ》く持《も》って上《うえ》に進《すす》め。
君《きみ》たちは、今《いま》がチャンスなんだ。
時代《じだい》を超《こ》えて、真実《しんじつ》を掴《つか》め！
今《いま》こそジャンプだ。
天国《てんごく》へ、ジャンプせよ。
天国《てんごく》へ。

試聴はこちら

「映画『ドラゴン・ハート―霊界探訪記―』
オリジナル・サウンドトラック」に収録！

歌詞

シャンバラ

〈挿入歌〉

作詞・作曲 大川隆法

Ah Ah 桃源郷《とうげんきょう》を抜《ぬ》けたなら、
次《つぎ》に大《おお》きな山《やま》が見《み》えてきた。
これが、あの有名《ゆうめい》なエベレストなの？
エベレストの中《なか》に、大《おお》きな空洞《くうどう》があって、
昔《むかし》から修行《しゅぎょう》する人《ひと》はそこにいると聞《き》いていた。

私《わたし》も、その世界《せかい》を覗《のぞ》いてみたい。
あの大《おお》きな山《やま》の地下《ちか》に広《ひろ》がる無限《むげん》の空洞《くうどう》。
「シャンバラ！」「シャンバラ！」
人《ひと》は、そこをそう呼《よ》ぶ。
でもそこへ行《い》って、帰《かえ》って来《き》た人《ひと》の話《はなし》はまだ聞《き》かない。
どうして、そんな不思議《ふしぎ》な場所《ばしょ》があるって、分《わ》かるんだろう？

私《わたし》も、空《そら》を飛《と》んで、
その修行《しゅぎょう》の地《ち》で瞑想《めいそう》をしたいのよ。

自分《じぶん》が一体《いったい》、何者《なにもの》か。
自分《じぶん》が本当《ほんとう》は霊体《れいたい》であるなんて。
どうしたら分《わ》かるのか?
広《ひろ》い、この洞穴《ほらあな》の無限《むげん》の空間《くうかん》に、
あちこちの谷《たに》や樹木《きぎ》があって、
鳥《とり》たちが鳴《な》いてる声《こえ》もするよ。

みんな言《い》ってる。
「目覚《めざ》めるんだ」って。
「目覚《めざ》めよ、目覚《めざ》めよ、目覚《めざ》めよ」と。
シャンバラは秘密《ひみつ》の世界《せかい》。
あなた一人《ひとり》がそこで目覚《めざ》めて、それがどうなるのか。
その答《こた》えを持《も》って出《で》ることになっているのよ。

シャンバラ、シャンバラ、シャンバラ、シャンバラ。
素敵《すてき》な永遠《えいえん》の場所《ばしょ》。
Oh, Oh…

試聴はこちら

「映画『ドラゴン・ハート―霊界探訪記―』
オリジナル・サウンドトラック」に収録!

製作総指揮・原作

大《おお》川《かわ》隆《りゅう》法《ほう》

PROFILE

幸福の科学グループ創始者 兼 総裁

1956（昭和31）年7月7日、徳島県に生まれる。東京大学法学部卒業後、大手総合商社に入社し、ニューヨーク本社に勤務するかたわら、ニューヨーク市立大学大学院で国際金融論を学ぶ。81年、大悟し、人類救済の大いなる使命を持つ「エル・カンターレ」であることを自覚する。86年、「幸福の科学」を設立。信者は世界179カ国以上に広がっており、全国・全世界に精舎・支部精舎等を700カ所以上、布教所を約1万カ所展開している。

説法回数は3500回を超え（うち英語説法150回以上）、また著作は42言語に翻訳され、発刊点数は全世界で3200書を超える（うち公開霊言シリーズは600書以上）。『太陽の法』『地獄の法』をはじめとする著作の多くはベストセラー、ミリオンセラーとなっている。また、28作の劇場用映画の製作総指揮・原作・企画のほか、450曲を超える作詞・作曲を手掛けている。

ハッピー・サイエンス・ユニバーシティと学校法人 幸福の科学学園（中学校・高等学校）の創立者、幸福実現党創立者兼総裁、HS政経塾創立者兼名誉塾長、幸福の科学出版（株）創立者、ニュースター・プロダクション（株）会長、ARI Production（株）会長でもある。

現代の日本では、「半分以上の人が地獄《じごく》に堕《お》ちている」という状況です。しかし、「日本のすべての人が、一冊は私の著書を読んだことがある。一回は私の説法《せっぽう》を聴《き》いたことがある。一回は幸福の科学のセミナーに出たことがある」という程度にまで、私の説く教えが普及《ふきゅう》すると、地獄に行く人もずっと減って、二、三割、あるいは、一、二割の人しか地獄に行かなくなるでしょう。

さらに、世の中が、仏法真理《ぶっぽうしんり》の本を何冊も読んで勉強し、その教えを実践して、「人々を幸福にしよう」と頑張って生きている人で満ちてきたら、ほとんどの人が地獄に行かなくてもよくなるのです。（中略）

必要なのは価値観の転換《てんかん》です。信仰心を持つことです。すなわち、「仏《ほとけ》がおられ、人間は仏の子なのだ」ということを知り、仏の子としての生き方を実践するだけで、地獄に行かなくて済《す》むのです。（中略）

人々に真実を知ってもらい、その真実の下《もと》に生きてもらうことです。そうすれば、人々は地獄に行かなくて済むのです。

真実を知らないために何百年も地獄で苦しんでいる人々がいるのです。かわいそうで、見ていられません。この世で一定の地位を持ったりして普通に生きていた人たちが、地獄に堕ちて苦しんでいるのです。

これは、地上の人間の努力によって救えることなのです。

大川隆法著『信仰のすすめ』第3章より

地球神《ちきゅうしん》エル・カンターレ

地球神エル・カンターレは、イエス・キリストに「天なる父」、ユダヤ教では「エローヒム」、イスラム教では「アッラー」と呼ばれ、インドでは「ヴィシュヌ神」、日本では創造神《そうぞうしん》にあたる「天御祖神《あめのみおやがみ》」という名で伝えられている、地球の至高神《しこうしん》であり、宇宙の創造主、根源の光です。

「エル・カンターレ」という御名《みな》には、「うるわしき光の国、地球」、「地球の光」という意味が込められています。地球での人類の魂《たましい》修行を計画され、地球人霊を創造された造物主《ぞうぶつしゅ》であり、地球ユートピア化、全人類の幸福化に向けて、あらゆる宗教を天上界《てんじょうかい》より指導された神々の主《しゅ》でもあります。

主なる神エル・カンターレは、過去、仏陀《ぶっだ》やヘルメス等の魂の分身を幾度《いくど》となく地上に送り、数多《あまた》の文明を興隆《こうりゅう》させ、人類を導いてきました。そして、エル・カンターレの本体意識が、現代の日本に肉体を持って下生《げしょう》されたのが、大川隆法総裁です。エル・カンターレの本体としての下生は、約3億3千万年前のアルファ神、約1億5千万年前のエローヒム神に続き、3度目となります。

映画『ドラゴン・ハート―霊界探訪《たんぼう》記―』

製作総指揮・原作

大川隆法総裁スタジオ御《ご》視《し》察《さつ》

2022年10月19日、大川隆法総裁は東京都杉並区にあるアニメーションスタジオ「HS PICTURES STUDIO」を訪れ、本作制作中の様子を御視察されました。ここでは当日の模様を紹介します。

1階にある今掛勇監督《いまかけいさむかんとく》の作業スペースで、閻魔《えんま》大王や龍《りゅう》のキャラクターデザイン、シャンバラや徳島の美術ボード等をご覧になる大川隆法総裁。

階段で地下1階まで降り、アニメーション制作の作業に励《はげ》むスタッフたちの様子も御視察された。

日伸西荻プラザのビル1階と地下は、かつて、幸福の科学の総合本部、杉並支部、西東京青年学生拠点として活用されていた。

幸福の科学発祥《はっしょう》の地・西荻窪《にしおぎくぼ》へ

『小説　揺《ゆ》らぎ』の原稿を書き下ろして1週間が過ぎた頃、同小説の舞台《ぶたい》となった西荻窪の街を御視察された大川隆法総裁は、西荻窪駅近くにあるアニメーションスタジオ「HS PICTURES STUDIO」に立ち寄られました。2010年からスタジオが入居している日伸《にっしん》西荻プラザには、1988年4月から1989年12月まで、幸福の科学の教団施設として「総合本部」がありました。

幸福の科学の草創期、発展の礎《いしずえ》となった西荻窪の地には、大川隆法総裁が『太陽の法』『黄金の法』『永遠の法』の「基本三法」を書かれた部屋や、瞑想《めいそう》セミナー等が開かれた研修道場、大川隆法総裁の著書や講演テープが常備されていた分室、若き日に散策《さんさく》されたという善福寺《ぜんぷくじ》公園等、ゆかりの場所が多数あります。

御視察の翌日にあたる2022年10月20日に詠まれた一句

56 一世代《ひとせだい》過《す》ぎ　西荻《にしおぎ》の街《まち》　迷《まよ》いたり

★ 教団発生の地、今は、アニメ事務所と支部のみ。
町はきれいになった。

（大川隆法著「短詩型・格はいく集③『神は詩う』」より）

短詩型・格《かく》はいく集③
『神は詩《うた》う』

宗教家の知られざる日常や霊的秘密《ひみつ》が垣間《かいま》見える「格はいく集」第3弾。2022年6月後半～23年1月末までの206句を収録。

『小説　揺らぎ』

読者を未体験の領域へいざなうスリルとサスペンスに満ちたマルチバース・ストーリー。善福寺池が異世界への特異点となっているほか、西荻窪の地が舞台として登場する。

東京都杉並区にある善福寺公園。

善福寺公園から次の事件は起こった。（中略）
そこに不思議な老人が現われた。
杖《つえ》をつき、頭にダンヒルの帽子《ぼうし》を被《かぶ》り、
格子模様《こうしもよう》の茶色のマフラーを首に巻き、
エトロのジャンパーを着ている。

大川隆法著『小説　揺らぎ』本文より

大川隆法総裁が、善福寺公園等の西荻窪の街の御視察時に着用された服装は、『小説　揺らぎ』に登場する大山雄法老師《おおやまゆうほうろうし》と同じ服装をされています。

大川隆法 製作総指揮・原作・企画の映画作品

大川隆法総裁は、初の劇場公開作品『ノストラダムス戦慄《せんりつ》の啓示《けいじ》』（1994年公開）以降、30年以上にわたって、製作総指揮・原作・企画の映画作品を28作製作しています。どの作品も、人類の進むべき方向性や「真・善・美」の価値観、霊的人生観等が描かれています。

『太陽の法
―エル・カンターレへの道―』

『黄金の法
―エル・カンターレの歴史観―』

『永遠の法
―エル・カンターレの世界観―』

『宇宙の法
―黎明編―』

『宇宙の法
―エローヒム編―』

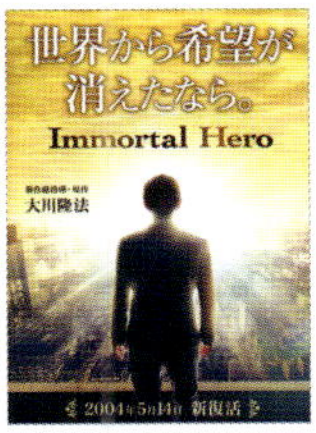
『世界から希望が
消えたなら。』

『夜明けを信じて。』

『呪い返し師
―塩子誕生』

『二十歳に
還りたい。』

特集　「ドラゴン・ハート」冒険《ぼうけん》の始まり

聖地・徳島を訪ねて

竜介《りゅうすけ》と知美《ともみ》の霊界探訪《たんぼう》は、竜介が徳島を訪れたことから始まります。徳島は大川隆法《おおかわりゅうほう》総裁が、「ここは、本当に『(エル・カンターレ) 生誕《せいたん》の地』として間違いなく記録される所であり、いずれ強力な霊的磁場《じば》が生まれるだろうと思います」と言われた幸福の科学の聖地です。また、四国は弘法《こうぼう》大師空海《だいしくうかい》や行基菩薩《ぎょうきぼさつ》ゆかりの寺が多く建ち、現代でもお遍路《へんろ》さんが八十八箇所巡りをする霊場《れいじょう》としても有名です。日本有数のスピリチュアルな場所を舞台《ぶたい》にした映画の美しい情景を、美術ボードや徳島でのロケハン写真を交えて紹介します。

PICK UP
別格本山・聖地
エル・カンターレ生誕館《せいたんかん》
うだつの
町並み
聖地・川島特別支部
聖地・川島門前《もんぜん》支部
脇町《わきまち》支部
池田支部
美馬《みま》市
04
吉野川市
高越山
05
龍《りゅう》の飛行ルート
穴吹川
三好《みよし》市
つるぎ町
06
剣山《つるぎさん》
06
大歩危《おおぼけ》
小歩危《こぼけ》
04
高越山《こおつさん》
おこおっつぁ〜ん！
高越神社・
高越寺
05
穴吹川潜水橋《あなぶきがわせんすいきょう》

01 阿波踊り

阿波踊りは400年を超える歴史を持つ徳島の伝統芸能。秋田の「西馬音内《にしもない》の盆《ぼん》踊り」、岐阜《ぎふ》の「郡上《ぐじょう》おどり」と並んで、「日本三大盆踊り」の一つとされ、全国各地で開催されます。本場・徳島市での開催は、毎年8月11日から15日までの間で、躍動感《やくどうかん》あふれる男踊《おとこおど》りと優美な女踊《おんなおど》りを見るために、国内外から100万人を超える観光客が訪れます。

竜介が旅に出るきっかけとなった絵葉書。

最も多くの桟敷席《さじきせき》を備える藍場浜《あいばはま》演舞場《えんぶじょう》。

\ PICK UP /

阿波踊りに参加する「幸福の科学連《れん》」の皆さん。

\ PICK UP /

02 眉山

竜介が叔母《おば》の隆子《たかこ》に連れてきてもらった標高290メートルの山。「眉《まゆ》」の形に見えることから眉山と名づけられました。徳島市の中心に位置し、山頂まではロープウェイで登れ、豊かな自然と町並みが一望できます。

万葉歌人《まんようかじん》の船王《ふなのおおきみ》が「眉《まよ》のごと雲居《くもゐ》に見ゆる阿波の山かけて漕《こ》ぐ舟泊《とまり》知らずも」と詠んだとされ、眉山が古くから親しまれていたことが分かります。

ふもとと山頂をつなぐロープウェイ。

03 吉野川 \ PICK UP /

高知県に源を発し、四国山地を横断して徳島県三好市から徳島平野へと流れる一級河川。四国四県にまたがり、四国全体の約20パーセントを占《し》める流域面積の広さから、利根《とね》川(坂東太郎)、筑後《ちくご》川(筑紫《つくし》次郎)と並んで、「四国三郎」とも呼ばれています。竜介と知美を乗せたドラゴンは、吉野川に沿って四国を横断し、霊界探訪が始まります。

吉野川。遠くに阿波富士・高越山が見える。

04 高越山 \ PICK UP /

吉野川市山川町にそびえる標高1,133メートルの山。竜介が叫んだ「おこおっつぁーん」とはこの山のことを指します。別名「阿波富士」とも呼ばれ、地元で愛される登山スポットです。山頂にはこの山で修行を積んだという弘法大師空海の像が安置されているほか、高越神社と高越寺が建ち、かつては修験道《しゅげんどう》の道場としてにぎわいました。

制作スタッフが高越神社を訪れたときの様子。

潜水橋近くに潜《ひそ》んでいた河童《かっぱ》。二人に見つかり、あっという間に逃げ出したが……。

PICK UP

05

穴吹川潜水橋

徳島の最高峰・剣山に源を発し、美馬市穴吹町を流れて、吉野川に注ぐ一級河川。渓谷《けいこく》や滝に彩《いろど》られた日本一の清流は、地元の子供らが川遊びに興じたり、観光客がレジャーを楽しんだりします。川の増水時に水面下に沈んでしまう潜水橋は、知美の案内で竜介が最初に訪れた場所。緑の山河と田園風景を堪能《たんのう》できます。

大歩危の近くではドラゴン型のUMAが目撃《もくげき》されている。
（大川隆法著『「UFOリーディング」写真集3』より）

PICK UP

06

大歩危小歩危

吉野川の激流によって結晶片岩《けっしょうへんがん》が浸食され、２億年の時をかけて形造られたという約8キロメートルにわたる峻厳《しゅんげん》なＶ字渓谷・大歩危と、その下流約３キロメートルにある小歩危。大理石のような岩肌は見る者を圧倒する絶景です。三波石《さんばせき》（阿波の青石《あおいし》）の露出《ろしゅつ》地でもあり、2014年3月18日に「大歩危」が国指定天然記念物に、2018年2月13日には「大歩危小歩危」が国の名勝に指定されました。

万物を創造した地球神《ちきゅうしん》
主《しゅ》エル・カンターレ生誕の地を訪ねて

幸福の科学グループ創始者・大川隆法総裁の生誕地・徳島県内にある幸福の科学の支部・精舎の紹介と、別格本山・聖地エル・カンターレ生誕館の近藤彰《こんどうあきら》館長に伺《うかが》った徳島の魅力《みりょく》を紹介します。

映画を観た方々に「徳島の魅力」を実際に体感していただきたいです。

――別格本山・聖地エル・カンターレ生誕館館長 **近藤 彰**

徳島で生まれた私は、幼《おさな》い頃から吉野川の風景に癒《いや》され、育ってきました。ゆったりと流れる川の佇《たたず》まいに世界の広大さや深さを感じ、心の豊かさを教えられたような気がします。子供の頃に泳いだ穴吹川は、水の透明度に心も体も浄化されるような気持ちになりました。小学校の行事で登った高越山で「おこおっつぁん」とみんなで叫んだことはいい思い出です。阿波踊りは、物心ついたときからリズムが沁《し》みついていて、お囃子《はやし》が聞こえると自然と徳島の風土に溶け込むような気分になります。四国には八十八箇所の霊場があり、宗教的磁場があります。約1200年前から弘法大師空海がこの霊場をつくってきた本当の意味は、仏陀再誕《ぶっださいたん》の準備でありました。そうして徳島にお生まれになったのが、再誕の仏陀であり、仏陀の御本体意識である神々の主エル・カンターレ大川隆法総裁先生です。

●別格本山・聖地エル・カンターレ生誕館
徳島県吉野川市川島町桑村2828-51
TEL 0883-25-2757

映画『ドラゴン・ハート―霊界探訪記―』では、霊界の真実や魂《たましい》の秘密《ひみつ》、魂の親の存在等の霊的真実が描かれています。また、徳島からシャンバラにつながっていく本作は、聖地・四国、徳島の神秘性や魅力を深く知ることができる内容となっています。映画を観た皆様にも、徳島の魅力を実際に来て体感していただければと思います。
聖地巡礼《じゅんれい》をすることで、多くの皆様が新たな目覚めを得て、人生の再出発を遂げてくださることを願っています。

●聖地・四国正心館
徳島県鳴門市鳴門町高島字竹島150
TEL 088-687-2511

●脇町支部精舎
徳島県美馬市脇町字拝原2800-1
TEL 0883-53-7781

●池田支部
徳島県三好市池田町サラダ1796-4
大学堂第1ビル
TEL 0883-72-8772

●聖地・川島特別支部
徳島県吉野川市川島町川島401-1
TEL 0883-26-3157

●聖地・川島門前支部精舎
徳島県吉野川市川島町川島674番地
TEL 0883-36-1500

●鳴門支部精舎
徳島県鳴門市撫養町小桑島前組139
TEL 088-683-1727

●聖地・四国本部精舎
●徳島支部精舎（四国本部精舎3F）
徳島県徳島市東大工町１丁目24-1
TEL 088-624-3322

●徳島西支部
徳島県徳島市北矢三町３丁目6-20
グランディール矢三C1階101号室
TEL 088-634-4077

●徳島南支部精舎
徳島県阿南市羽ノ浦町岩脇中須25-1
TEL 0884-26-9777

支部・精舎へのアクセスは、右記サイトをご参照ください。 ▶▶ happy-science.jp/access/temples

私たちを取り巻く不思議の世界 1

昔話ではなく実在する最新のリアルな地獄《じごく》

人間は死後、生前の言動や心で思った内容の善悪に基づいて、自分の心境《しんきょう》に応じた世界に赴《おもむ》くことになります。そして現代では、「半分以上の人が地獄に堕《お》ちる」といわれています。本作では、大川隆法《おおかわりゅうほう》総裁の霊査《れいさ》で明らかになった実在する最新の地獄の世界が描かれます。ここでは、竜介《りゅうすけ》と知美《ともみ》が探訪《たんぼう》した場所を中心に、多くの現代人を待ち受けている地獄界の様子を紹介します。

突然始まった［地獄巡り］

竜介と知美は、謎《なぞ》の老仙人《ろうせんにん》との邂逅《かいこう》後、いきなり「地獄界」へと連れて来られる。苦しみと恐怖《きょうふ》に染《そ》まった世界から二人は脱出できるのか――。

「なんなの、ここ……。
ここって霊界だよね……」

［無《ぶ》頼《らい》漢《かん》地獄］

昭和30～40年くらいの日本の町並みのような世界が広がる無頼漢地獄。悪質な不動産屋や高利貸《こうりが》し、ヤクザ等、金銭《きんせん》を巻き上げたり、恐喝《きょうかつ》して脅《おど》したりするような人たちが行く地獄です。この世界は「恐怖心」に支配されており、「殺されても死なない」という特徴《とくちょう》があります。無頼漢地獄から逃《のが》れるには、「人を害するのではなく、愛を与えることが大切だ」と悟《さと》る必要があります。

殺されても何度でも蘇《よみがえ》り、再び襲ってくる無頼漢霊。一見、親切そうに見えても、暴力的な心を隠して近づいてくる霊もいるようだ。

COLUMN　地獄霊による地上の人への憑依《ひょうい》

地獄界のなかでは、比較的浅い所に位置するといわれている無頼漢地獄。ただ、地獄の苦しみから逃れようと、地上で生きている人に取り憑《つ》き、不幸に陥《おとしい》れているケースもあります。飲酒や異常に激しい喫《きつ》煙《えん》や麻薬、覚醒剤《かくせいざい》系統のもの等は、人間の理性を麻痺《まひ》させて一時的な快楽《かいらく》をつくる面があり、地獄霊に憑依されやすくなります。例えば、酒場等には無頼漢霊のような悪しき霊が存在していることがあり、理性を失うくらいお酒を飲みすぎれば、地上の人間と地獄霊の波長《はちょう》が同通し、取り憑かれて正体不明になるところまでいく場合もあります。

『真のエクソシスト』

人間を不幸に陥れる悪霊・悪魔の実態と、身を護《まも》るために知るべき真理が説かれた一冊。

「病院地獄」

「だめじゃないか。ちゃんと治さないと」

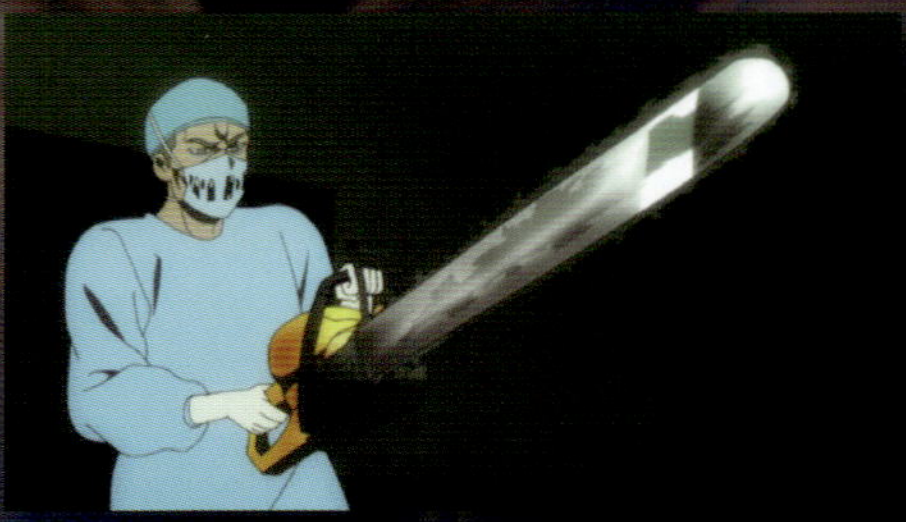

病院地獄は現代的な地獄です。生前、外科医《げか》や看護師《かんご》、検察官《けんさつ》、裁判官《さいばん》、マスコミ人等のなかで悪人だった人たちが鬼《おに》の代わりをしています。そして、地上の病院で亡くなった人たちが、自分が死んだことに気づかず、“入院”したつもりのまま“治療《ちりょう》”を受け続けています。しかし、実際は皆死んでいるため、すでに肉体は存在せず、たとえ身体を切られたとしても血が流れることはありません。自らの死に気づかないかぎり、この病院地獄から出ることはできないのです。

「ずっとここで病気を治そうとしてきたけど、
患者さんを痛めつけて、苦しめてるだけのような……」

COLUMN 地獄霊を救出する天使の働《はたら》き

地獄で何十年も過ごしている霊が、周りの人々の姿を見て虚《むな》しさを感じたり、生前の自分の思いや行いを振り返って反省したりすると、その人からほんのりと光が出るようになって、地獄から救出しようとする天使が現れます。長い間、地獄で苦しんでいても、反省の心が芽生《めば》えると、天使たちによる天国に還《かえ》るための説得が始まるのです。

天使は地獄にいくつかのベースキャンプを設けて活動している。救出は簡単ではなく、地獄の仲間が取り戻そうとしに来たり攻撃《こうげき》を受けることもある。

「病院地獄」について
もっと詳しく

『復活の法』

『霊界散歩』

「テロ・戦争地獄」

「これは、さっき爆発《ばくはつ》した列車だ……」

テロや戦争で亡くなった人が行く「テロ・戦争地獄」は、闘争《とうそう》と破壊《はかい》の世界である「阿修羅界《あしゅらかい》」と「焦熱《しょうねつ》地獄」が一緒になったような場所です。破壊行為《こうい》が起きた後、しばらくすると元に戻り、また同じことが繰り返されます。テロを起こす霊は、「相手を徹底的《てってい》に粉砕《ふんさい》したい」という憎しみが強く、天使の説得にも聞く耳を持ちません。また、テロや戦争による衝撃度《しょうげき》は大きく、魂《たましい》に刻《こく》印《いん》された記憶が薄れるには、1000～2000年の時間がかかります。

テロや戦争は、何の罪もない子供たちの命をも奪う。あまりの惨状《さんじょう》に、二人は無力を感じ、悔《くや》しさを募《つの》らせる……。

COLUMN テロや戦争の霊的結末とは？

世界で起こる様々なテロ行為や紛争《ふんそう》について、その首謀者《しゅぼうしゃ》の心は神の目から見て善か悪か――。大川隆法総裁による霊言《れいげん》で死後の結末が明らかになった例があります。また、個人的な争いではなく戦争に見舞《みま》われた場合は、死後、どのように責任が問われ、どのような世界に還るのかについても、『地獄の法』『地獄に堕ちないための言葉』等で、神の目から見た霊的真実が説かれています。

『地獄の法』

『地獄に堕ちないための言葉』

『地獄界探訪』

『イラク戦争は正しかったか』

［色情《しきじょう》地獄］

「見えない川みたいなのがあって、出られないの……」

一見、西洋風の美しい建物で、性的な奴隷《どれい》となっている女性たちが閉じ込められていました。彼女たちは生前と同様に監禁《かんきん》されており、「逃げられない」という呪縛《じゅばく》にかかっているようです。彼女たちは自分が地獄にいるということが分かっていません。助け出すのは難しく、一人ひとりの事情をしっかりと理解した上で、霊的な真実に基づき、「生前の恐怖や抑圧《よくあつ》」への囚《とら》われから解放するための対策を立てなければなりません。

生前、若い女性たちを脅迫《きょうはく》したり騙《だま》したりして監禁し、働かせていた女将《おかみ》は、地獄の魔女のようになって強い呪力《じゅりょく》で少女たちを拘束《こうそく》。外見を美しく装っていても、心が醜《みにく》ければ、霊界では次第に本性《ほんしょう》が現れてくる。

「うちの子は大切な商品なんです。勝手に連れて行かれては困るんですよ」

COLUMN 想像より厳しい!? 色情地獄の今

男女の道を大きく踏み外した人たちは、「血の池地獄」等の色情地獄に堕ちます。近年はLGBTQ問題に関連し、色情地獄に堕ちる人が増加しています。たとえ「性に関する価値観が変わった」といわれる現代でも霊界の善悪の基準は変わりません。

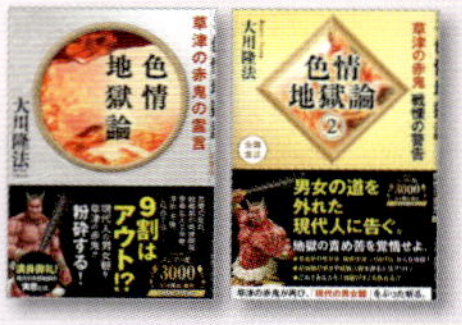

『色情地獄論①②』

『地獄界探訪』

「畜《ちく》生《しょう》道《どう》」

「欲深いやつめ」

「血の池地獄」「色情地獄」と比較的近い位置関係にある、さらに深い地獄です。芥川龍之介《あくたがわりゅうのすけ》の『杜子春《とししゅん》』でも描かれているように、人間であるにも関わらず動物のような生き方をした人たちが、その特徴に合った動物の姿となって棲《す》んでいます。強盗《ごうとう》殺人や強姦《ごうかん》、節操《せっそう》のない異性関係等、「欲しかったら取る」という考えの系統を持つ人が行きます。畜生道に堕ちないためには、自分のことばかり考えるのではなく、人を慈《いつく》しむような「慈《じ》悲《ひ》の心」を持つことが大切です。

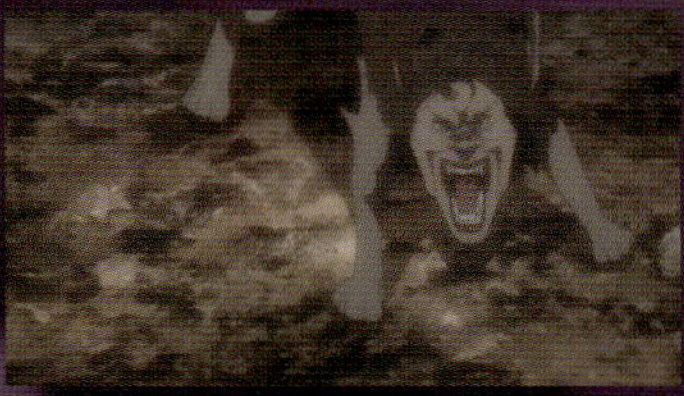

人から見ても異常なほど欲がある人は、動物霊に憑依されている可能性が高い。地獄の蛇《へび》は、獰猛《どうもう》性・執念《しゅうねん》深さ・色欲の強さ・恨《うら》み・猜疑心《さいぎしん》等が特徴で、犬は、動物的な見境《みさかい》のない怒《いか》りや盗癖《とうへき》、貪《むさぼ》りの強さ等が特徴。

COLUMN 仏教《ぶっきょう》説話「安珍《あんちん》・清姫《きよひめ》」

安珍という修行中の若い僧が熊野詣《くまのもうで》にやって来ました。その道中で、安珍に恋をした清姫が「修行の帰りに立ち寄ってほしい」と懇願《こんがん》してきます。しかし、安珍は修行者として彼女には会わずに去ろうとします。気づいた清姫は大蛇《だいじゃ》の姿となって安珍を追い、道成寺《どうじょうじ》の釣鐘《つりがね》に隠れていた彼を焼き殺しました。死後、二人は畜生道に堕ちたといわれています。

「安珍・清姫」は『法華験記《ほっけげんき》』『今昔《こんじゃく》物語集』等に登場し、平安期から広く知られている。歌舞伎《かぶき》や能、浄瑠璃《じょうるり》の演目としても有名。

「畜生道」について
もっと詳しく

『秘密の法』

『悟りに到る道』

まだまだある！多様な地獄

地球の霊界には数えきれないほどの地獄が存在しています。この世とあの世は同時進行で変化しているため、時代に応じて地獄も近代化していき、種類も増えているのです。

[焦熱地獄]

噴火口《ふんかこう》のような場所から硫黄《いおう》の熱風が吹き上げ、焼き殺される地獄です。酷《ひど》い日照りのような暑さで体を焼かれる苦しさがあります。怒りの炎に包まれていた人、人を傷つけた人、嫉妬《しっと》深い人等が堕ちます。

[寒冷地獄]

氷に覆《おお》われた暗く厳しい寒さの地獄です。生前、孤独や恐怖、貧しさを経験《けいけん》した人が多く、人を信じられず、冷たい世界を見ていた人が堕ちます。また、寒い地域で亡くなった人が堕ちる場合もあります。

[ネット地獄]

ネット社会が発達し、誹謗中傷《ひぼうちゅうしょう》等が問題になっている現代。地獄でも、緊急《きんきゅう》課題として研究中です。新聞・テレビ・週刊誌地獄のようなものもできています。

[餓鬼《がき》地獄]

飢《う》え死にした人が行くような地獄です。物質が豊かな現代では、欲しい物や食べたい物が鬼に取り上げられる「求めるものが手に入らない」という世界になっています。

[黒縄《こくじょう》地獄]

生前、間違った法律・裁判・医療活動等をやった人たちが堕ちる地獄です。全裸《ぜんら》に墨縄を打たれ、鬼たちに鋸挽《のこぎりび》きされたり、電動鋸で斬《き》られたりします。

[無間《むけん》地獄]

思想的に、神やあの世の存在を否定し、他の人を迷わせたような人は、最も深い地獄である無間地獄に堕ちます。思想犯として隔離《かくり》され、暗闇のなかで孤独に過ごします。

[刀葉林《とうようりん》地獄]

葉っぱがカミソリの刃になっているような木の上に美女がいて、身体を切り刻《きざ》まれながら、いつまでも手に入らない美女を追いかけ続ける地獄です。

[阿修羅地獄]

人を責め苛《さいな》んだり悪口ばかり言ったりする人が行く地獄です。世間や政府、他人の悪口を言い、不幸を自分以外のせいにして自己正当化するような人たちが非難合戦をし、お互いに傷つけ合っています。

COLUMN 「この世地獄」と「裏側《うらがわ》」の世界

人間は通常、死ねば霊界に還り、生前の心境や行いの善悪によって、あの世での住む世界が決まります。しかし現代は、唯物論《ゆいぶつろん》・無神論《むしんろん》的価値観で生き、あの世や霊の存在を否定してきた人が、「私の見ている世界はこの世（三次元）しかない」と思って、天国にも地獄にも行かない霊となり、地上にとどまるという「この世地獄」ができています。

また、霊界には天国・地獄とは別に、如来《にょらい》界から地獄界のサタンの領域まで次元を貫《つらぬ》いた「裏側」と呼ばれる世界があります。裏側はどの国の霊界にもあり、妖怪《ようかい》や天狗《てんぐ》、仙人等が住んでいます。彼らは通常の天使・菩薩《ぼさつ》とは違い、霊能力や超能力に強い関心を持っていて、自分の欲を実現するという意味での自己愛が強く、他者への愛や反省の心がありません。

『真実を貫く』

『心眼を開く』

『人として賢く生きる』

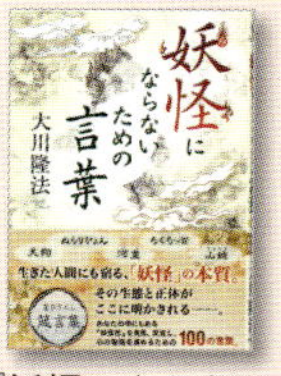

『妖怪にならないための言葉』

死者を待ち受ける「閻魔《えんま》の裁《さば》き」

人間が死んで霊となった後に待ち受けているのが、生前の心境や言動の善悪に基づき、あの世での行き先を決める閻魔の裁きです。現代も行われている裁きの実態《じったい》を大川隆法総裁の著書『地獄の法』第２章より抜粋で紹介します。

「裁き」の実態とは

一番目には「信仰心、あるいは信仰心と思われるような、そういう考え方や心境を持っているかどうか」ということで、バシッと判定されます。

そのあと、人間として生きていた時代を振り返ってみて、その思いと行いを点検されるということです。（中略）

「人に知られず、やっていた」と思っているようなものは全部明らかにされます。「照魔《しょうま》の鏡《かがみ》」、あるいは、そうした生前の映像のようなものを見せられ、反省ポイントを指摘されて、自分でやってきたこと等を反省させられます。

ただ、一方的な断罪だけをするわけではなく、「閻魔の法廷《ほうてい》」におきましては、その悪行と同時に善行もいちおうチェックされますので、それらを比べて、差し引きどうなるかという判定になります。（中略）

地獄での判定基準では、「この世での価値判断がまったく通用しない」ということです。この世の学歴も通用しない。資格も通用しない。人が尊敬《そんけい》していたかどうか、あるいは、お金持ちであるかどうか、家が大きいかどうか、家系《かけい》が、例えば貴族《きぞく》、あるいは王族、あるいは名家であったかどうか、こんなものは一切《いっさい》考慮《こうりょ》されないということです。（中略）

犯罪に関係したことは地獄では裁かれるし、それ以外に関しては、この世の法網《ほうもう》をかいくぐって、有罪や、あるいは民事《みんじ》上の加害者にならなかった者でも、地獄では裁かれることがあるということです。

だから、「信仰」、そして「何を考えたか、思ったか」です。これは「貪《とん》・瞋《じん》・癡《ち》・慢《まん》・疑《ぎ》・悪見《あくけん》」の六大煩悩《ぼんのう》を中心に考えればよろしい。

それから、「行為」です。「行いとして、人の神性《しんせい》や仏性《ぶっしょう》を傷つけるようなことを多くやった者はなかなか許されない。あえて、この世に生きている間に改心《かいしん》するならば、逆《ぎゃく》のことをちゃんとやって、別の人間になるように努力をしなさい」ということです。

全部が全部は語れませんでしたけれども、これが地獄の実態だし、閻魔の裁きなるものは、かたちはちょっと国によって違うことがありますけれども、必ずあります。

地獄を背負う 仏《ほとけ》の慈悲

地獄は隔絶《かくぜつ》された世界ではありません。地獄に堕ちた魂を見捨てることなく背負っている仏の存在があるのです。地獄を支える仏の御心《みこころ》を大川隆法総裁の著書『無限の愛とは何か』第3章より抜粋で紹介します。

今、この地上を去った世界には、
天国と地獄という世界が厳然《げんぜん》としてある。
地獄という世界は、昔から語られている苦しみの世界である。
天国という世界は、喜びの世界である。
そのとおり。
しかし、その地獄をも、
本人にとっては苦しみであるところの地獄をも、
また黙《だま》って背負っている存在があるということを
忘《わす》れてはならぬ。（中略）

仏もまたその苦しみをわがものとして
背負っているのである。
その重荷《おもに》を捨て去れば、
どれほど身軽で、どれほど楽になることか。
にもかかわらず、
いま地獄でうごめいている何十億という魂たちを見捨てないで、
それを抱きとめている。
人間は愚《おろ》かであるから、自分が地獄に堕ちると、

あなたがた人間の目から見れば、
相対的に見える人間の目から見れば、
地獄にいる人たちについて、
「私たちを害して生きた人たち、
社会にとって有用ではなく、
有害であった人たちなのだから、
地獄の責め苦を受けたとしても当然であろう」
と言いたい気持ちも、
人間心としてはあるだろうが、
仏の心はそうではない。
池に落ちたわが子を
泣きながら引きずり上げているのが
仏の姿であり、
血を流して泣いている子を
抱きとめているのが
仏の姿なのである。
その慈悲の心がまだ分からないのか。
まだそれが分からないのか。

「神も仏もない世の中である。
世間はすべて自分を苦しめてきた。
そして、死んだあとも、このような苦しみを自分に与えるのか。
仏が愛であるならば、
こんなことはありえない。
こんな不条理なことはありえない。
こんな暗い苦しみの世界がわが身に臨むとは、
こんな不公平はありえない。
私だけがなぜこんなに苦しまねばならぬか」
と訴《うった》えているが、
そのように訴えている人を
抱きとめている存在があるということを、
仏が悲しみの涙をためて、
それを抱きとめているということを、
そういう世界であるということを、
知らなくてはならない。

その数十億の苦しみや悲しみを
すべて背負っているのである。
それは本来の仏の使命ではない。
本来の計画ではない。
人間たちが間違って犯《おか》した罪によりてできた世界であるが、
それでもなお抱きとめているのだ。（中略）

人間だけの苦しみではないということが、
そのような親なる仏の慈愛《じあい》の心が、
分かったのであるならば、
仏の子として生きている人間は、
その事実に気づいた人間は、
放っておくわけにはゆかないのである。（中略）

人を救いたいという心、
助けたいという心、
優しくありたいという心、
他人の苦しみや悲しみに黙っていることができないという心、
それが愛の心であり、
その愛の心がみずからの内に宿《やど》っているということが、
あなたがたが仏の子であるということの
唯一の証拠《しょうこ》なのである。（中略）

その愛の心が普遍《ふへん》的であるということが、
あなたがたが仏の子である証拠であり、
また、仏に愛されているということの証拠でもある。

だから、まず、悪を犯さず、善を取るとは、
この愛の心に忠実に生きるということである。

私たちを取り巻く不思議の世界 2

地球の霊的中心地 シャンバラ

大川隆法《おおかわりゅうほう》総裁は2021年7月29日に御法話《ごほうわ》「地球の心」(『メシアの法』第4章所収）で、通常では知りえない神秘の世界について、その一端を明かされました。ここでは、未だベールに包まれているシャンバラについて、大川隆法総裁の貴重な教えの抜粋と、教えに基づいて描き出された映画のシーンを紹介します。

地球にある「霊的なセンター」として、
シャンバラといわれる所があります。
地域的に言うと、エベレストあたりの地下付近になるかと思います。
インドとかネパールとか、そういう所からの入り口があります。（中略）

地球で、いわゆる
「メシア資格」「救世主《きゅうせいしゅ》の資格」というものがあるとすれば、たいてい、
霊的なトレーニングはこのシャンバラで経験《けいけん》していることになります。（中略）

これは、自分からだけで行けるわけでは必ずしもなくて、
向こうから呼ばれるのです。
招待《しょうたい》されて、訓練《くんれん》をするような感じになっていきます。（中略）

その多くはベールに包まれていて、
なかの秘密《ひみつ》が外に出ることはほとんどありません。

大川隆法著『メシアの法』第4章より

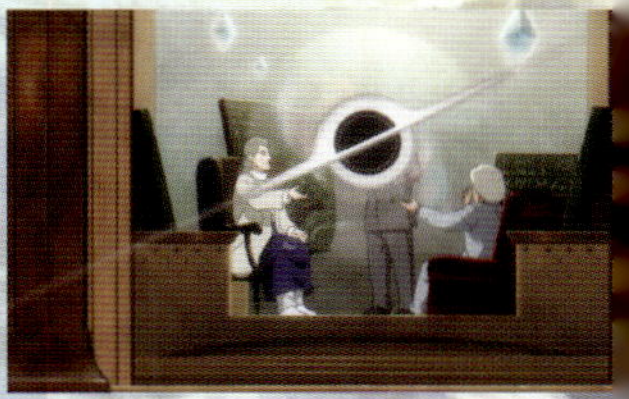

映画に登場するシャンバラの様子。シャンバラは、仏教《ぶっきょう》やヒンドゥー教をはじめ、世界各地の宗教で古くからその存在が言及されている。また、1800年代には西洋の神秘思想家らの間で「神智学《しんちがく》」として、その秘密が一部語られたこともある。

地球における霊的中心地の変遷《へんせん》

地球にはこれまで、シャンバラ以外にも様々な霊場《れいじょう》が存在しました。例えば、エジプト、イスラエル、古代メソポタミア文明が栄えたチグリス・ユーフラテス川沿い、北欧《ほくおう》、アフリカやギリシャ等が挙げられます。さらに、ムーやアトランティス、レムリア等の超古代文明が栄えた地にも霊的なセンターがありました。しかし、いずれも文明の中心地が移動し、霊的な吸引力も失われていくという歴史を辿《たど》っています。

地上文明の変遷と霊的中心地は連動することがあるため、大川隆法総裁は、「万一《まんいつ》、地上的な文明の興亡《こうぼう》がまた起きて、シャンバラが修行の地として有効でなくなったら、また地球的には、別の霊的な中心地をつくらなければならなくなります」と危惧《きぐ》しています。

迫る危機

エベレストはネパールとチベット自治区にまたがっているため、シャンバラの近くに唯物論《ゆいぶつろん》科学国家・中国が存在し、危機にさらされています。

大川隆法総裁 御法話「地球の心」抜粋

この世的な話としては、中国が唯物論科学国家としてインドの周辺国を脅《おびや》かして、インドとか、エベレスト周辺まで自分たちの手に落とそうとしていますが、これに対しては、今、「護《まも》らなければいけない」という力が非常に働《はたら》いていると考えていいと思いますので、いずれ、そうした「霊界と地上界と、どちらが本当の世界であるのかということ」が目に見えて分かるような事件が数多く起きるようになるだろうと思います。（中略）

霊的な破壊《はかい》活動もそうとう行われていますので、これに対しては、さまざまな天変地異《てんぺんちい》等が起きて、今、戦いが起きているところではないかと思います。

中国という広大な土地が、霊的な磁場《じば》としてまったく意味をなさなくなるというようなことは、やはり、けっこう耐《た》えがたいことですので、何とかしてやらなければいけません。

［シャンバラと覚者《かくしゃ》］

もし、この三次元世界が霊的な世界を
まったく信じない人たちばかりになったら
大変なことになるので、
今、何とかして地球全体の
意識改革《いしきかいかく》をしようとしているところであり、
霊的な文化、精神文明を全世界に広げるべく、
トレーニングに励《はげ》んでいる人も数多くいます。

大川隆法著『メシアの法』第4章より

シャンバラは霊的な覚醒《かくせい》を与えるための修行の場であり、招かれる者は数が限られている。

『メシアの法』では、シャンバラに縁のある覚者として、イエス・キリストやジョン・レノン、老子《ろうし》、ニュートン、ソクラテス、プラトン等が紹介されています。また、芥川龍之介《あくたがわりゅうのすけ》や川端康成《かわばたやすなり》という文学者も、シャンバラに縁があると言及されました。

さらに、『エル・カンターレ人生の疑問《ぎもん》・悩みに答える　地球・宇宙・霊界の真実』では、大川隆法総裁が、ニュートンやアインシュタイン、湯川《ゆかわ》博士らと、ブラックホールの方程式についてシャンバラで講義をしていたことが明かされています。

イエス・キリスト

ニュートン

ソクラテス

プラトン

老子

COLUMN　他の星から地球にやって来る宇宙存在

シャンバラに現れたUFO。宇宙からも地球での修行目的を持つ宇宙存在が一部シャンバラに来ている。

『小説　十字架の女③〈宇宙編〉』では、「こぐま座アンダルシアβ《ベータ》星」がメシアの修行星で、地球におけるシャンバラの修行環境に似ており、地球との行き来があることが分かると指摘されています。アンダルシアβ星は、地《ち》球神《きゅうしん》エル・カンターレの分身である仏陀《ぶっだ》・釈尊《しゃくそん》の宇宙魂《うちゅうこん》の一つといわれる宇宙存在のR・A・ゴールが住む星です。エル・カンターレと縁があり、地球に来ている宇宙存在は、R・A・ゴールのほかに、いて座インクルード星のメタトロンや、マゼラン銀河エルダー星のヤイドロンが実在しています。

『小説　十字架の女③〈宇宙編〉』

「シャンバラの主《ぬし》 エル・カンターレ」

『メシアの法』において、宇宙を統《す》べる造物主《ぞうぶつしゅ》であり、地球神である主《しゅ》なる神エル・カンターレが「シャンバラの主《ぬし》」だと明かされました。その秘密について説かれた箇所を抜粋で紹介します。

大川隆法総裁 御法話「地球の心」抜粋

地球系のシャンバラの主《ぬし》、トップリーダーになっているのが、「エル・カンターレ」といわれている存在の、地上に出てこない部分のところです。それが、このシャンバラの主になっております。

これについては秘密がまだ多いので、今、すべてを明かすことはできませんが、釈尊がネパールとインドの国境に近い所に生まれて、ネパール、インドで仏教を広めたあたりで、このシャンバラが地球の霊的な中心であるということは、ほぼ確定しました。（中略）

エル・カンターレの魂《たましい》のなかでも、ヘルメスは、地上的な活躍《かつやく》は地上的な活躍として、「政治、経済、軍事《ぐんじ》的、あるいは貿易《ぼうえき》・経済の面での仕事」もしましたが、もう一つは、「冥界《めいかい》とこの世を橋《はし》渡《わた》しする、そういう案内役でもあり通信役でもある」と言われているところもあります。そのヘルメスのなかにも、一部、こうしたシャンバラに、現在、力を与えている部分もあります。（中略）

また、ヘルメスよりもっと前のエジプトで、「オフェアリス」という名前——あるいは「オシリス」と呼ばれることもある——で生まれたときも、これは、「亡くなってからあとは冥界の帝王《ていおう》になった」とも言われていますけれども、霊界の秘儀《ひぎ》を与える仕事をエジプトでも長らくやっていました。これも、エジプトの衰退《すいたい》と同時に、現在、シャンバラに来ています。

みなさまに知っておいてもらいたいところは、
今、「シャンバラ」という、そういう
霊的覚醒の地があるということです。
万一、地上的な文明の興亡がまた起きて、
シャンバラが修行の地として有効でなくなったら、
また地球的には、別の霊的な中心地を
つくらなければならなくなります。（中略）
「地球の心」ということを述べましたが、
これは「シャンバラの心」でもあるということです。
みなさまの悟《さと》りが進んだら、それなりに
もっと高度なこともお教えしたいと思っています。

大川隆法著『メシアの法』第4章より

COLUMN 神々の住まう地・須弥山《しゅみせん》

須弥山は古代インドの時代から存在するといわれており、バラモン教、ヒンドゥー教、ジャイナ教、仏教等において中心とされる伝説の山です。塔《とう》のように細長い形が特徴《とくちょう》で、高さは1万メートルをゆうに超えるといわれています。大川隆法総裁の著書『霊界散歩』によると、須弥山はインド霊界にあり、「（山の壁面を）上がっていく途中で、雲を輪《わ》切《ぎ》りにしたような風景が何度も見えました。須弥山のそれぞれの場所に神々が住んでいるのです」と説かれています。また、本作の参考霊言《れいげん》「芥川龍之介の霊言①『霊界談《だん》義《ぎ》』」では、芥川龍之介の霊が、「（須弥山の）頂点のほうにいるのは、それは神様なんで。神様であって、人間ではないです」ということや、「エル・カンターレは須弥山の支配者」であると述べています。

『霊界散歩』

「日本中の山に登りたいんです！
それから、エベレストにも！」

田《た》川《がわ》竜《りゅう》介《すけ》

CV：小《こ》林《ばやし》裕《ゆう》介《すけ》

都内の名門・港《みなと》ヶ《が》丘《おか》中学校の３年生。１４歳。好奇心旺盛《おうせい》で勇気を持った少年。登山部の部長で、夢は日本中の山を踏《とう》破《は》し、エベレストに登ること。夏休みに、従妹《いとこ》の佐藤知《とも》美《み》が住む徳島へ。そこで、不思議な老仙人《ろうせんにん》と出会い、霊界探訪《たんぼう》の旅に出ることになる。

「……もう誰かが
苦しむ姿は見たくない。
俺、苦しんでる人たちを
助けられるようになる」

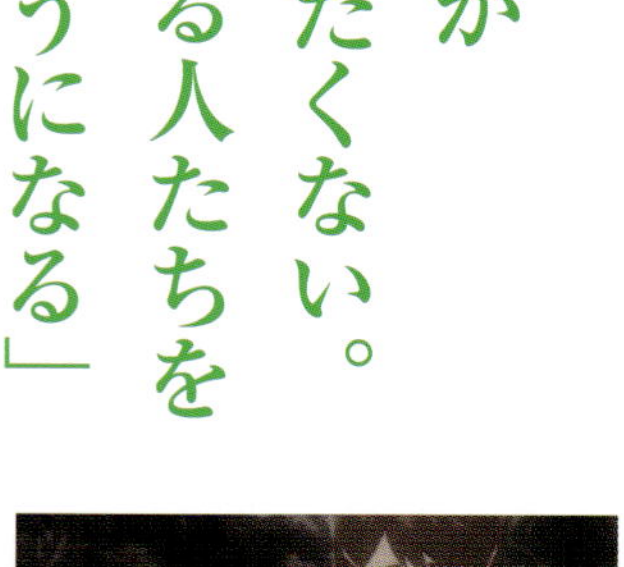

表情

Staff Comment

「竜介の素直でまっすぐなところは、見ていてとても元気が出て励《はげ》まされました」〔3DCG/ 北村紗希〕

制服

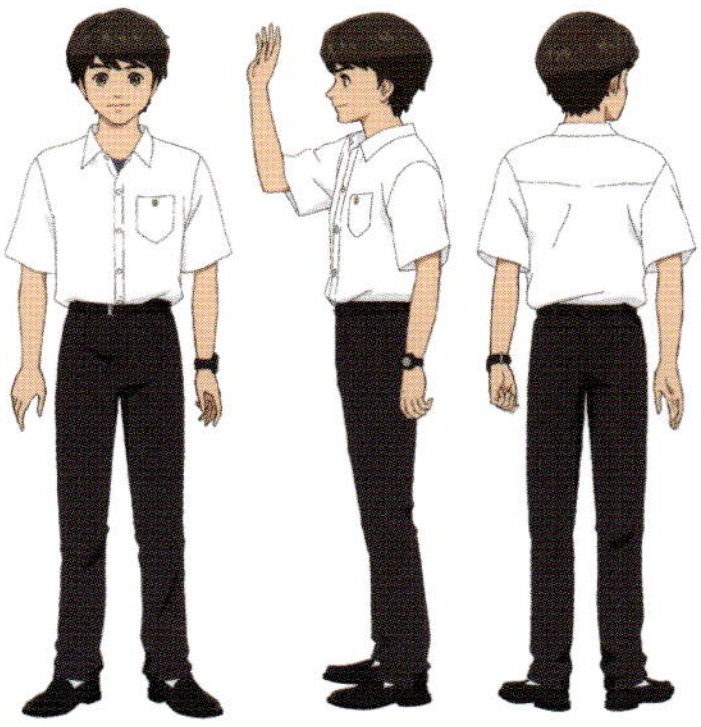

キャラクターデザインを担《にな》った今掛勇監督《いまかけいさむかんとく》のコメント

「主要キャラクターは、大川隆法《おおかわりゅうほう》総裁先生に御指導を頂いて描き上げています。竜介の場合、最初は芥川龍之介《あくたがわりゅうのすけ》を想起させる知的な文学少年のイメージでデザインしてみたのですが、制作の過程で、大川隆法総裁先生から竜介のキャラクター設定に関して『お兄ちゃんらしくしっかりしたキャラのほうがいい』というような御指摘がありました。最終的に、彼の持つ勇気や頼りになる男らしさ等を落とし込んだキャラクターデザインになりました」

◀初期の竜介キャラクターラフデザイン。

中学では登山部に所属。アウトドア好きな父に連れられて、母や佐藤一家と共に、富士登山も経験《けいけん》している。出かけるときは常に『日本全国名山登山ガイド』を持ち歩き、ページをめくっては夢に思いを馳《は》せている。

佐藤知美《さとうともみ》

CV：廣瀬千夏《ひろせちなつ》

徳島県三好《みよし》市にある脇ノ町《わきのまち》中学校の２年生。１３歳。心優しい少女でありつつ、芯《しん》の強さも持っている。剣道部に所属しており、市の大会で優勝をするほどの実力の持ち主。時々、幽霊《ゆうれい》や妖怪《ようかい》等、不思議な存在を目にすることがある。竜介と共に霊界探訪の旅に出る。

「私も、一緒に戦う！」

「生きていた時も、死んでからも、
苦しみの世界にいるなんて……
そんなの、辛《つら》すぎるよ……」

表情

STAFF COMMENT

「知美の笑顔や仕草《しぐさ》がかわいらしくて、癒《いや》されます」〔撮影 / 津金ひかり〕

道着

キャラクターデザインを担った今掛勇監督のコメント

「最初は剣道が強いという部分に引っ張られて、どちらかというと快活《かいかつ》でアクティブな女の子をイメージしていました。しかし、大川隆法総裁先生の書かれた原作ストーリーを読み込み、『実は知的で清楚《せいそ》な美人』というところが、やはり知美のいちばんの魅力《みりょく》だと腑《ふ》に落ちていきました。最終的には、竜介を兄のように慕《した》う女の子らしい姿になっています」

◀初期の知美キャラクターラフデザイン。

父・昭彦《あきひこ》と母・隆子《たかこ》と暮らしている知美。父のすすめで剣道を始め、部活も真面《まじ》目《め》に取り組んでいる。実は霊感が強く、日常的に幽霊や妖怪等を見てしまうといった悩みを抱《かか》えている。

隆子が竜介に振る舞《ま》った徳島の郷土料理。特産のすだちや半田《はんだ》そうめん等が食卓を彩《いろど》る。

「未知なる世界に飛び込む勇気が若者の特権じゃぞ」

天《あめの》日《ひ》鷲《わしの》命《みこと》

CV：千《ち》葉《ば》繁《しげる》

徳島県・高《こ》越《おつ》山《さん》にある高越神社で祀《まつ》られている御《ご》祭神《さいじん》。高越山のふもとを流れる穴吹川《あなぶきがわ》で溺《おぼ》れてしまった竜介と知美を助ける。二人を霊界探訪へ送り出し、その成長を見守りながら、二人が霊界の真実に目覚めていくガイド役を担う。

霊界を渡る龍《りゅう》

体長20メートルはある深緑色の龍。穴吹川で溺れた竜介と知美を背中に乗せて、二人を天日鷲命のもとへと運ぶ。

STAFF COMMENT

「天日鷲命の瞳《ひとみ》と龍の鱗《うろこ》がとってもきれいなので、注目ポイントです！」〔美術設定 / 今掛 琳〕

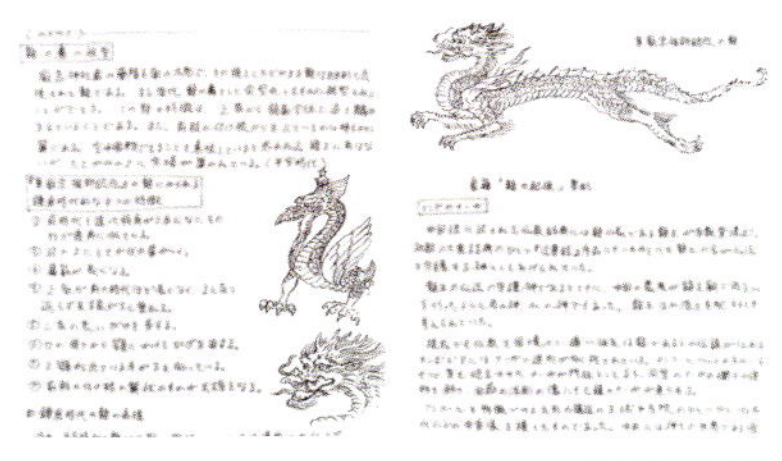

今掛勇監督による初期のラフとコメント

「様々な文献《ぶんけん》を読んで、本作における龍がどういう存在なのか考察していきました。珍《めずら》しい姿ですよね。大川隆法総裁先生がスタジオを御視察《ごしさつ》くださった際にも龍を描いているところをご覧いただけました」

魔《ま》除《よ》けの鈴

天日鷲命が、霊界探訪に出発する竜介たちにくれた鈴。熊《くま》除けの鈴のような形をしている。祈りを込めて鳴《な》らすことがポイントだというが……？

高越神社御祭神・天日鷲命について

徳島県にある高越山には、天日鷲命を御祭神とする高越神社と、高越寺（真言宗大覚寺派）が建っています。はるか昔、忌部《いんべ》氏の祖・天富命《あめのとみのみこと》が阿波《あわ》の地にやって来て、麻植《おえ》や美馬《みま》、三好の開拓を進めたといわれています。天日鷲命は、忌部一族の祖神であり、大川隆法総裁の御法話《ごほうわ》「聖地四国　高越山御祭神の霊言《れいげん》」で登場し、四国の霊場《れいじょう》を長らく守護してきたと語りました。

地獄の番人。死後間もない人間が行く「閻魔庁《えんまちょう》」という所で、生前の罪を裁《さば》き、地獄に行くべき者に対して、どのような地獄に行くかを判定している存在。最近は、地獄や霊界の存在を知らない人間の多さに嫌気《いやけ》が差し、やる気をなくしている。

閻魔大王《えんまだいおう》

CV：小村哲生《こむらてつお》

「現代では、どれくらいの人間が地獄《じごく》に堕《お》ちていると思う？」

現代も日本に存在する「江戸《えど》の三大閻魔大王」

東京には「江戸の三大閻魔大王」として、浅草を本拠地とする「江戸の東閻魔大王」、新宿を管轄《かんかつ》する「江戸の中央閻魔大王」、そして「巣鴨《すがも》の閻魔大王」が存在し、現代も亡くなった人に対して生前の行いの善悪を判断しています。

また、江戸の東閻魔大王はチベットにルーツを持っており、シャンバラに悪人が入らないように見張るゲートキーパーの仕事をしていたことがあるとも語っています。

江戸の東閻魔大王

江戸の中央閻魔大王

巣鴨の閻魔大王

『江戸の三大閻魔大王の霊言』

「閻魔庁」の最新事情も分かる!?『小説　地球万華鏡《まんげきょう》』

大川隆法総裁が書いた不思議な10のストーリー。この世と天国・地獄の関係、リアルな霊体験や幽《ゆう》体離脱《たいりだつ》等、霊界への目覚めを促《うなが》す新感覚の書き下ろし小説です。「ある日の閻魔大王」では、死後の世界を信じないまま亡くなった人たちとのやりとりに辟易《へきえき》した現代の閻魔大王の様子が紹介されており、映画『ドラゴン・ハート―霊界探訪記―』ではその姿がリアルに描き出されます。映画を観る前に読むことでイメージがふくらみ、さらにお楽しみいただけます！

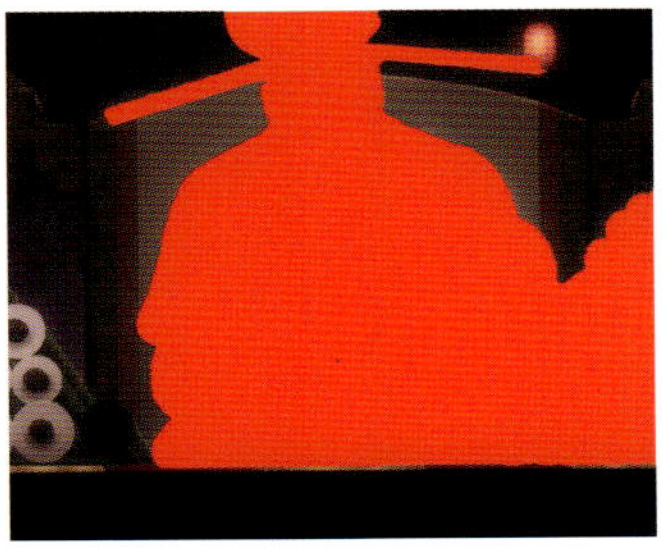

地獄の閻魔大王の驚きの姿が……!?

『小説　地球万華鏡』

「失礼な子だね。私は神だよ」

蛇神《へびがみ》

CV：深見梨加《ふかみりか》

「畜生道《ちくしょうどう》」という動物霊界に堕ちた元人間がおぞましい大蛇《だいじゃ》になった姿。

洞庭湖《どうていこ》娘娘《ニャンニャン》

CV：浅野真澄《あさのますみ》

「霊界が破壊《はかい》され、桃源郷《とうげんきょう》やシャンバラにも危機が及んでいるのです」

中国湖南省《こなんしょう》北部にある中国第二の淡水湖・洞庭湖を守護する伝説の女神《めがみ》。中国で唯物《ゆいぶつ》論《ろん》・無神論《むしんろん》が蔓延《まんえん》していることに危機感を覚えている。竜介と知美に、シャンバラへの入り口の一つである、桃源郷への道を指し示す。

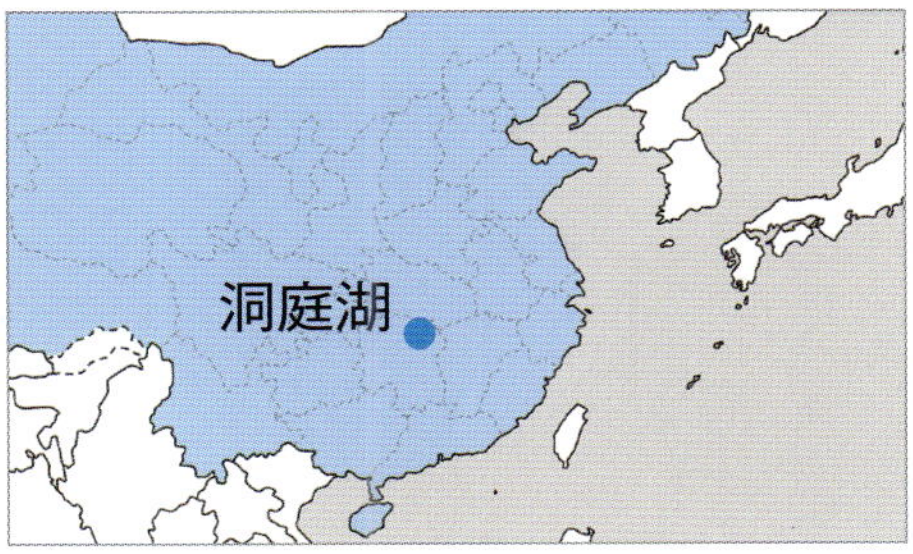

▲ 中国湖南省北部にある「洞庭湖」

美しい湖・洞庭湖

洞庭湖は、中国湖南省北部にある中国第二の淡水湖。長江《ちょうこう》中流に位置し、諸《しょ》河川の水を集めて長江へ排水する水量調節の役割を担っています。美しい景勝地《けいしょうち》として有名ですが、近年、大雨による洪水《こうずい》で堤防《ていぼう》が決壊《けっかい》し、大規模な天災が起きました。

「娘娘」とは？

「娘娘」とは、中国の民間信仰で「女神」を意味する言葉です。もとは「母」「貴婦人」「皇后《こうごう》」等の意があり、役割に応じて種々の娘娘がいます。

「閻魔大王」とも知り合い!?

大川隆法総裁の御法話「江戸の中央閻魔大王の霊言」（『江戸の三大閻魔大王の霊言』第二部所収）で、洞庭湖娘娘のことを知っていると証言した江戸の中央閻魔大王。曰《いわ》く、「（中国に）悪王が出たときに、人民を苦しめないように革命《かくめい》を起こすことをいつもやっとる、手伝いをしてる」ということのようです。

洞庭湖娘娘のメッセージ

「THE WATER REVOLUTION —水の革命—」

「水の革命」

中国の悪政を許さず、アジアの平和を勝ち取ろうという洞庭湖娘娘の正義の心が表れた楽曲「水の革命」（作詞・作曲 大川隆法総裁）のDVDとCD。

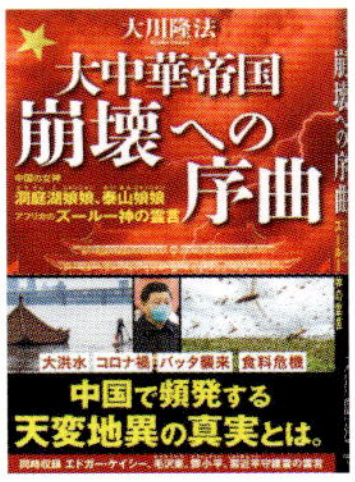

『大中華帝国 崩壊への序曲』

『公開霊言　魯迅の願い 中国に自由を』

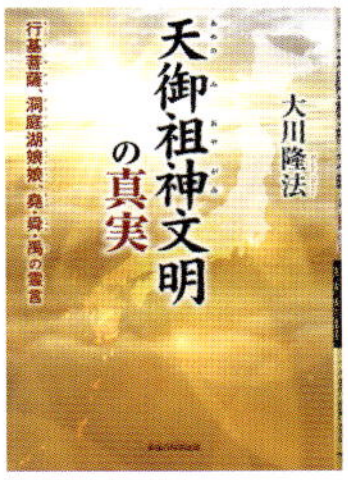

『天御祖神文明の真実』

信仰の大切さを訴《うった》える「洞庭湖娘娘の霊言」が収録されている大川隆法総裁の著作群。

洞庭湖の近くにあるユートピア「桃源郷」

大川隆法総裁の著書『メシアの法』によれば、洞庭湖からそう遠くない所に「桃源郷」の入り口があったそうです。しかし、中国が唯物論・無神論国家となって霊的な意味がなくなり、今はもう見つからないだろうと言われています。桃源郷は、約1600年前に陶淵明《とうえんめい》が書いた伝奇小説『桃花源記《とうかげんき》』に登場する山のなかの秘境《ひきょう》で、秦《しん》の始皇帝《しこうてい》の圧制から逃《のが》れた人々が移り住み、何世紀にもわたってユートピアを築いていた場所だといわれています。

桃源郷の風景。桃源郷は、シャンバラへの入り口でもあるといわれている。

アデプト

CV：武内駿輔《たけうちしゅんすけ》

アデプトとは、悟《さと》りに熟達《じゅくたつ》した者、目覚めた者のこと。シャンバラ等で長く霊的覚醒《かくせい》のための修行を積み、覚醒した導師《どうし》のレベルに到達した存在。

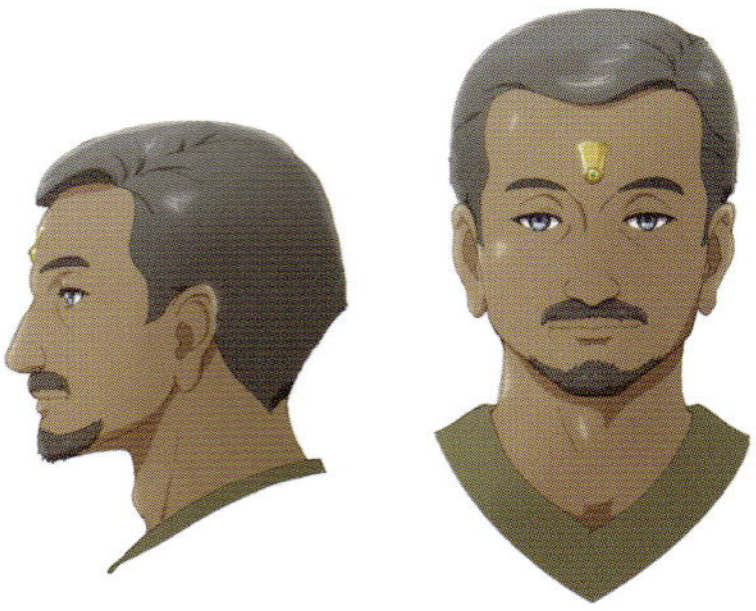

シャンバラで修行に励むアデプト。

シャンバラの修行者について

大川隆法総裁の著書『メシアの法』『秘密《ひみつ》の法』では、シャンバラで数多くのマスター（師）たちが修行していることが説かれています。修行者たちの呼称は、「マスター」や「アバター」のほか、「グル」「アデプト」「グレートマスター」等、修行の進度によって変わります。修行者のなかには、死後に肉体を離れた状態で修行する人、肉体的にインド入りをしたりヒマラヤ付近に入ったりしてヨガ修行のようなものをしている人のほか、生きてヨガをしたり仙人修行をしたりしている人が魂《たましい》だけシャンバラに来るケースや、睡眠中等に魂が抜け出してシャンバラに来るケースもあるようです。

『メシアの法』

『秘密の法』

須弥山《しゅみせん》を歩くビシュヌ神。

ビシュヌ神《しん》

CV：三木眞一郎《みきしんいちろう》

シヴァ神、ブラフマー神と並ぶヒンドゥー教の三大神。インドの最高神でもある。十の化身《けしん》（分身）を持ち、そのうちの一つが仏陀《ぶっだ》（釈尊《しゃくそん》）であるといわれている。

ビシュヌ神と宇宙創世の神エル・カンターレの関係

ビシュヌ神の話には「宇宙創世」に関わるようなものが出てきます。大川隆法総裁は、インドの最高神ビシュヌについて、著書『シヴァ神の眼から観た地球の未来計画』で、「インド神話では、ヴィシュヌ神がどちらかといえば主神《しゅしん》で、シヴァ神は破壊と創造を司《つかさど》ると言われる。釈尊は、ヴィシュヌ神の顔の一つとされる。この点、インドの人々は、千の顔を持つ神の実相をよく知っていたのだろう」、著書『されど、大東亜《だいとうあ》戦争の真実　パール判事の霊言』で、「インド霊界ではヴィシュヌ神と呼ばれ、日本霊界では天御祖神《あめのみおやがみ》と呼ばれる根源神《こんげんしん》がいて、分光神《ぶんこうしん》として様々な高級神霊《しんれい》が多様に存在するということだ」と説いています。

釈尊は、宇宙創成の神であるエル・カンターレの分身の一人です。そして天御祖神は、日本の古代文献『ホツマツタヱ』に登場する創造神《そうぞうしん》であり、エル・カンターレの本体霊に近い存在の一人で、約3万年前、アンドロメダ銀河のマザー星から、宇宙船で約 20 万人を率いて富士山の近くに降臨《こうりん》し、地球に「大和《やまと》の心」を伝えました。著書『天御祖神の降臨』でも、ビシュヌ神と天御祖神、エル・カンターレの関係について言及しています。

『天御祖神の降臨』

『シヴァ神の眼から観た地球の未来計画』

小林裕介（田川竜介役）

「Re:ゼロから始める異世界生活（ナツキ・スバル役）」「Dr.STONE（石神千空役）」「ガンダムビルドダイバーズ（ミカミ・リク役）」「アルスラーン戦記（アルスラーン役）」等、多数のアニメ作品で主演。そのほかの主な出演作は、「遊☆戯☆王 SEVENS（カイゾー役）」「暁のヨナ（スウォン役）」「炎炎ノ消防隊（アーサー・ボイル役）」「はたらく細胞（一般細胞役）」、映画『SHIROBAKO（平岡大輔役）』、ゲーム「ファイアーエムブレム 風花雪月（ベレト役）」「恋と深空（セイヤ役）」「刀剣乱舞ONLINE（信濃藤四郎役）」等。第11回（2017年）声優アワードで新人男優賞受賞、Crunchyroll Anime Awards 2021（クランチロール・アニメアワード2021）でベストVAパフォーマンス賞（最優秀声優賞日本語部門）受賞。

廣瀬千夏（佐藤知美役）

2021年、大人気のキッズアミューズメントゲーム「プリティーシリーズ」の10周年を記念したアニメ作品「ワッチャプリマジ！（陽比野まつり役）」でTVアニメ初主演に抜擢される。主な出演作は、「惑星のさみだれ（宙野花子役）」「むさしの！（一ノ宮四恩役）」、映画『ブルーサーマル（佐波弥生役）』等。韓流ドラマ「スノードロップ」ではキム・ミス演じるヨ・ジョンミン役の吹き替えを担当。

千葉繁（天日鷲命役）

主なアニメ出演作は、「ONE PIECE（バギー役）」「鬼滅の刃（桑島慈悟郎役）」「呪術廻戦（虎杖倭助役／漏瑚役）」「幽☆遊☆白書（桑原和真役）」「名探偵コナン（脇田兼則役）」「平成天才バカボン（レレレのおじさん役・本官役）」「ゲゲゲの鬼太郎（ねずみ男役）」「うる星やつら（メガネ役）」「北斗の拳（ジャコウ役／ナレーション）」、映画『THE NEXT GENERATION パトレイバー（シバシゲオ役）』、ゲーム「DISSIDIA FINAL FANTASY（ケフカ・パラッツォ役）」「新三國志（水鏡先生・曹操・黄忠役）」等。俳優、音響監督、ナレーターとしても活躍中。

小村哲生（閻魔大王役）

1974年、映画『野球狂の詩』で俳優デビューし、「西部警察」「太陽にほえろ！」「刑事貴族」等に出演。1976年『劇団民話芸術座』を創立し、全国の子どもたちに芝居を届けている。主なアニメ出演作は、「こちら葛飾区亀有公園前派出所（爆竜大佐役）」「おじゃる丸（エンマ大王役）」「るろうに剣心―明治剣客浪漫譚―（比留間伍兵衛役／尖角役）」「ザ・ファブル（ボス役）」「火の鳥（猿田彦役）」「交響詩篇エウレカセブン（ユルゲンス役／イズモ艦隊長役）」「キラキラ☆プリキュアアラモード（立神雷桜役）」、映画『超電影版SDガンダム三国伝（盧植ジムキャノン役，董卓ザク役）』『ドラゴンエイジ―ブラッドメイジの聖戦―（バイロン役）』等。

三木眞一郎（ビシュヌ神役）

主な出演作は、「バーチャファイター（結城晶役）」「頭文字D（藤原拓海役）」「ポケットモンスター（コジロウ役）」「BLEACH（浦原喜助役）」「鋼の錬金術師 FULLMETAL ALCHEMIST（ロイ・マスタング役）」「機動戦士ガンダム00（ロックオン・ストラトス役）」「鬼滅の刃（竈門炭十郎役）」「僕のヒーローアカデミア（サー・ナイトアイ役）」「名探偵コナン（萩原研二役）」「マッシュル-MASHLE-（イノセント・ゼロ役）」「呪術廻戦（日下部篤也役）」、映画『神秘の法（ユチカ役）』、ゲーム「薄桜鬼（土方歳三役）」「刀剣乱舞ONLINE（大般若長光役）」等。第４回（2009年）声優アワードで助演男優賞受賞、第８回（2013年）声優アワードで富山敬賞受賞。

深見梨加（蛇神役）

主なアニメ出演作は、「美少女戦士セーラームーン（愛野美奈子・セーラーヴィーナス役）」「マクロスプラス（ミュン・ファン・ローン役）」「銀魂（スペースウーマン役）」等。洋画吹き替えでは、アンジェリーナ・ジョリー（『エターナルズ』『マレフィセント』『Mr.&Mrs.スミス』他）サンドラ・ブロック（『ゼロ・グラビティ』他）ジュリア・ロバーツ（『プリティ・ウーマン』『ノッティング・ヒルの恋人』他）ジョディ・フォスター（『パニック・ルーム』他）等、出演作多数。ゲーム「ファイナルファンタジーXII（フラン役）」「ハリー・ポッターと賢者の石（ハーマイオニー・グレンジャー役）」や、ナレーターとしても活躍している。第14回（2019年）声優アワード高橋和枝賞受賞。

浅野真澄（洞庭湖娘娘役）

主な出演作は、「Go！プリンセスプリキュア（海藤みなみ・キュアマーメイド役）」「PSYCHO-PASS（青柳璃彩役）」「D・N・ANGEL（原田梨紗役）」「ベイブレードバースト（蒼井千春役）」「怪談レストラン（佐久間レイコ役）」「ハヤテのごとく！（朝風理沙役）」「BLOOD-C（網埜優花役）」、ゲーム「テイルズ オブ レジェンディア（クロエ・ヴァレンス役）」等。洋画吹き替えやナレーション、ラジオパーソナリティ等でも幅広く活躍。第１回（2007年）声優アワードでベストパーソナリティ賞受賞。声優業のほか、2007年、『ちいさなボタン、プッチ』で第13回小学館おひさま大賞最優秀賞。受賞を機に「あさのますみ」名義で作家としても活動中。

武内駿輔（アデプト役）

主な出演作は、「KING OF PRISM（大和アレクサンダー役）」「遊☆戯☆王VRAINS（鴻上了見／リボルバー役）」「先輩がうざい後輩の話（武田晴海役）」「鬼滅の刃（空喜役）」「ハイキュー!! セカンドシーズン（京谷賢太郎役）」「東京リベンジャーズ（鈴木マコト役）」「イナズマイレブン アレスの天秤（剛陣鉄之助役）」「アオアシ（阿久津渚役）」、映画『機動戦士ガンダム ククルス・ドアンの島（ククルス・ドアン役）』『THE FIRST SLAM DUNK（沢北栄治役）』、ゲーム「A3!（兵頭十座役）」等。第10回（2015年）声優アワード新人男優賞受賞。

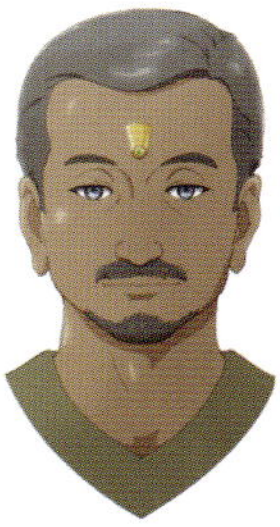

本作で監督《かんとく》を務めた今掛勇《いまかけいさむ》氏に、制作中の秘話《ひわ》、こだわりや見どころ、作品を通して伝えたいメッセージ等を伺《うかが》いました。

監督
今掛 勇インタビュー

――制作の終盤《しゅうばん》を迎えている現在の率直な心境《しんきょう》を教えてください。

まず、大川隆法《おおかわりゅうほう》総裁先生の製作総指揮作品に参加させていただけたことに心から感謝致《いた》します。

映画『ドラゴン・ハート―霊界探訪《たんぼう》記―』は、地獄《じごく》から天上界《てんじょうかい》まで、ジェットコースターのような霊界体験ができる作品になっています。そして、何度観ても「閃《ひらめ》き」があり、観終わった後は、幸福の科学の研修施設で瞑想《めいそう》や禅定《ぜんじょう》をしたり祈願《きがん》を受けたりした後のような、心が光に満たされたような精妙《せいみょう》な幸福感を覚える作品だと思います。

この不思議な感覚がなぜ起きるのか、自分なりに原因を考えたところ、まず、大川隆法総裁先生が作詞・作曲された楽曲の存在が非常に大きいと思いました。私たち制作スタッフにとっても、五つの楽曲が作品の導き手となり、具体的な映像のイメージをつくっていくことができました。次に、制作期間中はスタジオ内でも日々の祈りを実践し、信仰修行を通して大川隆法総裁先生の創られた聖なる作品に携《たずさ》わる環境を整えられるよう心がけていたことです。

三番目は制作初期に徹底《てってい》した事前リサーチができたことです。大川隆法総裁先生の原作に対する理解を深め、霊的真実を映像化していくために必要な資料をスタッフの皆が様々な観点から集めてくれました。最後に、信仰心を持ったHSU（ハッピー・サイエンス・ユニバーシティ）の卒業生たちが多数参加している点です。多くのシーンで最終的な仕上げに当たる作業を担《にな》ってもらいました。特に楽曲のシーンはHSU卒業生らの活躍《かつやく》で完成度が上がったと思います。

――今作で監督が新たに挑戦されたことはありますか。

新たな試《こころ》みとしては、通常の紙に印刷した絵コンテによる確認に替わって、動画の状態のVコンテによる確認の工程を取り入れたことです。今作は五つの楽曲を合計七つのシーンで活用しています。約二時間のストーリーラインと作品全体における音楽シーンのバランス等が把握《はあく》しやすくなるように、絵コンテをつないだものに仮《かり》の声や音楽を入れた確認

地獄やシャンバラを描くに際しても、大川隆法総裁先生の教えが中心にありました。

用の動画をつくりました。これによって、イメージを共有しやすくなり、紙の絵コンテのときよりも具体的な改善《かいぜん》案を検討できたと思います。

本編の制作の前にVコンテをつくったことで、スタッフ側も原作や作品全体の理解を深める機会となり、最終的な作品の完成度が上がったと思います。

――本作ならではの特徴《とくちょう》は、どういう点にあるのでしょうか。

これまでの幸福の科学の映画もそうですが、やはり、大川隆法総裁先生から原作を頂き、「霊的真実」を描いている作品だという点は、他のアニメ作品にない特徴だと思います。

もちろんエンターテインメントとしてのアニメ的な表現もありますが、基本的には大川隆法総裁先生が経験されたことや書籍等で教えていただいている内容を元にしてつくられた作品です。地獄やシャンバラを描くに際しても、大川隆法総裁先生の教えが中心にあります。多数ある書籍のなかでも特に、『地獄の法』と『メシアの法』は大切だと思います。

シャンバラは、その世界観をどのように捉《とら》えて描くかという方向性も含めて『メシアの法』第4章「地球の心」をしっかりと押さえなければなりません。何度も何度も描いては改善し、試行錯誤《しこうさくご》の連続でしたが、今の段階で描きうる最大限の努力をしたつもりです。真実の姿を描くという意味では非常に難しかったですね。

また、現代の地獄の描写では、例えば、無頼漢《ぶらいかん》地獄は昭和四十年代のような世界であると、原作ストーリーで教えていただきましたので、当時の町の様子を参考に描いています。しかし、私たちが知りうる物事には、どうしても限界がありますよね。そうした限界を飛び越えて、大川隆法総裁先生のご覧になっている世界に近づけるためには、やはり書籍を何度も読み、資料を見ては絵にして、スタッフの意見やイメージを聞いては、また反映していくということを繰り返していくしかなかったんですね。本当に、決して一人ではできなかったなと思いますし、一緒に努力したスタッフたちには感謝しています。

――本作の舞台《ぶたい》である徳島へ取材に行ったと伺いました。特に印象に残ったことは何でしょうか。

徳島の取材では、大川隆法総裁先生が実際にご覧になった風景を私も体感したかったので、事前に、大川隆法総裁先生の幼少期から学生の頃を描いた小説「鏡川竜二《かがみかわりゅうじ》シリーズ」や『若き日のエル・カンターレ』等を改めて学ばせていただきました。

徳島は大川隆法総裁先生の生誕地《せいたんち》であるという観点から見ても、特有の霊的磁場《じば》があると言っていいと思いますが、実際に足を踏み入れると、「霊的な空間に入っている」というリアルな感覚を持ちました。徳島に行く前と帰ってきてからでは、ものの見え方・感じ方が変わったように思います。

特に違いを感じるのは太陽の光です。取材中も、肉眼で見ている太陽から少し意識を変えて、天上界にあるという「霊《れい》太陽《たいよう》」を意識して見ていました。夏に行ったので強烈《きょうれつ》な暑さだったのですが、「霊太陽」という目に見えない神の光を意識すると、物理的な太陽の熱とは違う、

主《しゅ》エル・カンターレにお会いできるという、他の作品では味わえない体験を得ていただきたい。

慈愛《じあい》に包まれているような感覚を得ることができたんです。このときに感じた「世界を取り巻く慈愛の光」を作品にも描き出せるよう意識しました。

一緒に徳島に行ったスタッフたちにも、例えば、「夏だからコントラストが強い」とか「自然がきれい」とかではなく、通常のロケーションハンティングでは得られない、徳島という霊的磁場そのものを感じ取って、それを映像に生かしてほしいと伝えたんです。

目に見えない慈愛をいかに表現するかを考えると、「太陽の光、そして光を遮《さえぎ》る雲に覆《おお》われた地獄」というように、光もしくは影を意識して絵をつくっていきました。地獄も雲の質によってその世界の暗さや色が異なり、表現が変わります。光り輝くシーンではありませんが、たとえ地獄にいても、そこをも仏《ほとけ》が支えているという感覚で描いています。

このように、作品の全編から、主《しゅ》なる神の慈愛や優しさ、そして、天上界の光を感じていただけるように心がけていますので、そういう意味でも、一般のアニメ作品とは違った表現になったと思います。

——作品の重要な要素である楽曲についてはいかがですか。

大川隆法総裁先生から頂いた楽曲そのものが作品の骨格《こっかく》であり、五曲の歌詞それぞれが、霊界探訪における大切なキーワードになっていると思います。

作品に登場する順に触れますと、まず、「高越山《こおつさん》」という曲からスタートします。作品の入りと終わりの二カ所に分けて登場します。この曲の前半と後半の違いが、主人公二人の成長感や変化を表していると思っています。

次は「Exciting Love」で、二人の冒《ぼう》険《けん》の始まりに流れます。龍《りゅう》の背中に乗って飛ぶシーンですので、その飛翔《ひしょう》感やスピード感を持った曲です。映像としても、徳島の風景を上空から見るという視点の違いを感じていただけると思います。

主題歌「ドラゴン・ハート」も二回使わせていただいています。最初は、いよいよ竜介《りゅうすけ》たちが霊界探訪をするという、その決意を表すシーンで流れます。二回目は、桃源郷《とうげんきょう》への入り口を教えてもらい、さらに次の世界へ行くぞという、もう一段の決意が必要となるときに流れます。

「From Hell to Hell」は、閻魔《えんま》大王が見せる現代の地獄の様子ということで、一曲分の映像をすべてVFXの粟《あわ》屋友美子《やゆみこ》さんに担当していただきました。非常に特徴的なビジュアルで、スケール感のある映像になっています。

「シャンバラ」は、遠い記憶の憧《あこが》れを呼び覚まされるような、不思議な懐《なつ》かしさを感じる曲だと思います。主人公の二人が桃源郷からシャンバラに向かって飛んでいく道程で、ちょうどインド霊界に入ったあたりで流れます。

「今回、地球神エル・カンターレのお姿に関しては、『霊界散歩』を参考にデザインさせていただきました。物語としては、ずっと目に見えないけれど慈愛の光として神様がいるという状態が続き、最後、ついにお会いできるという構成になっていますので、制作側の私たちも、観ていて非常に感動的な作品になったと感じています」（今掛）

——アフレコ現場でのエピソードを教えてください。

声優の皆様の演技にすごく支えていただきました。竜介役の小林《こばやし》裕介《ゆうすけ》さんは、「こういうお兄さんだといいな」という理想の声をしています。大川隆法総裁先生のイメージする主人公たちは、「男の子は男らしく、女の子は女性らしく」というところがあると思いますので、そういった意味でも、小林さんの声は勇敢《ゆうかん》で頼りになるお兄さんのイメージにぴったりだと思います。竜介と対《つい》をなす知《とも》美《み》役の廣瀬《ひろせ》千夏《ちなつ》さんは、非常に少女らしい声だと思います。収録中は小林さんのリードもあって、知美が成長していく過程が非常によく表現されていました。

天日鷲命《あめのひわしのみこと》役の千葉《ちば》繁《しげる》さんは大ベテランの方で、風格もあるけれど、どこかユーモラスなところもあります。ともすれば重くなりがちな威厳《いげん》のある台詞《せりふ》を、主人公の二人が中学生なりにも受け止められるよう、愛情をにじませた声でうまく演じていただきました。

閻魔大王役の小村《こむら》哲生《てつお》さんは、かっこよくて威厳があり、なおかつ、それだけではない芝居《しばい》で、この作品で描かれている「現代の地獄や閻魔大王」を象徴《しょうちょう》しているように思います。洞庭湖《どうていこ》娘娘《ニャンニャン》役の浅野真澄《あさのますみ》さんは非常に透明な美しい声で、女神《めがみ》としての優しさと強さとが感じられます。また、蛇神《へびがみ》役の深見梨加《ふかみりか》さんは、女性の奥に潜《ひそ》む情念のようなものが出る表現をしていただきました。

ビシュヌ神とアデプトは、三木《みき》眞一郎《しんいちろう》さんと武内駿輔《たけうちしゅんすけ》さんにそれぞれお願いしました。お二方の台詞は本作における「霊的真実」を語っているという意味でものすごく大切な部分を担っています。

三木さんに関しては、あまりにも台詞が少なくて、かなり贅沢《ぜいたく》というか、ちょっと失礼かなと思ったんですけれども、ある意味で作品のすべてをさらってしまうくらい重要なシーンなので、大ベテランの三木さんにしっかりとその一言を献上《けんじょう》していただくというつもりでお願いしました。アデプト役の武内さんには、シャンバラでの霊的な修行者としての面と、肉体を持ってこの世でも社会に貢献《こうけん》しているという面の両面を感じさせるような非常に難しい演技をしていただけたと思います。

——観てくださる方へのメッセージ

この映画は、大川隆法総裁先生の創られた楽曲を中心にして、現代の地獄から、憧れの地シャンバラを通って、そして須弥山《しゅみせん》へと、地球の霊界探訪をノンストップで体験できる作品です。これを劇場ならではの没入《ぼつにゅう》感で、一気に観ていただきたいと思います。

そして、クライマックスのシーンでは、神々の主《しゅ》であり、地球神《ちきゅうしん》でもある主エル・カンターレにお会いできるという、他の作品では味わえない体験を皆様に得ていただきたいです。

劇場に来たときと帰るときとでは、おそらく目に映る世界が変わって見えるのではないでしょうか。それくらいの「魂《たましい》の目覚め」を実感できる作品だと思います。

ISAMU IMAKAKE

アニメーター、アニメ演出家、アニメーション監督。主な作品に、「ふしぎの海のナディア」（原画）、「カウボーイビバップ」（セットデザイン）、「新世紀エヴァンゲリオン」（原画）、映画『宇宙の法―黎明編―』『宇宙の法―エローヒム編―』（監督）等がある。

STAFF VOICE

『ドラゴン・ハート―霊界探訪《たんぼう》記―』のアニメーションは約３年半をかけてHS PICTURES STUDIOで制作されました。制作の工程とスタッフの方々から寄せられた作品に対する想いを紹介します。

美術設定・背景

作品に登場する舞台《ぶたい》を構想・設定し、描く仕事です。今作では、作品全体の世界観を描く「イメージボード」、舞台を具体的にデザインする「美術設定」、美術設定に色を置《お》く「美術ボード」、それらに基づいて、実際に本編で使用する「背景」の作業を担《にな》っています。

美術ボードと美術設定。

VOICE

「シャンバラの背景を担当しました。神様の光が常に差し込んでいる感じや、精舎《しょうじゃ》や寺院にいるときのような心の充足《じゅうそく》感、清涼《せいりょう》感、植物や鉱物の魂《たましい》が光り輝いている感じ等をイメージしながら世界観をつくっていきました。たくさん苦労はありましたが、ほかにはない瞑想《めいそう》的空間にできたと思います。様々な世界が出てきますので、ぜひ楽しんでください」（今掛《いまかけ》 琳《りん》）

設定制作

各シーンの時間帯やカットごとに登場するキャラクターの把握《はあく》等、制作に必要な設定を管理します。

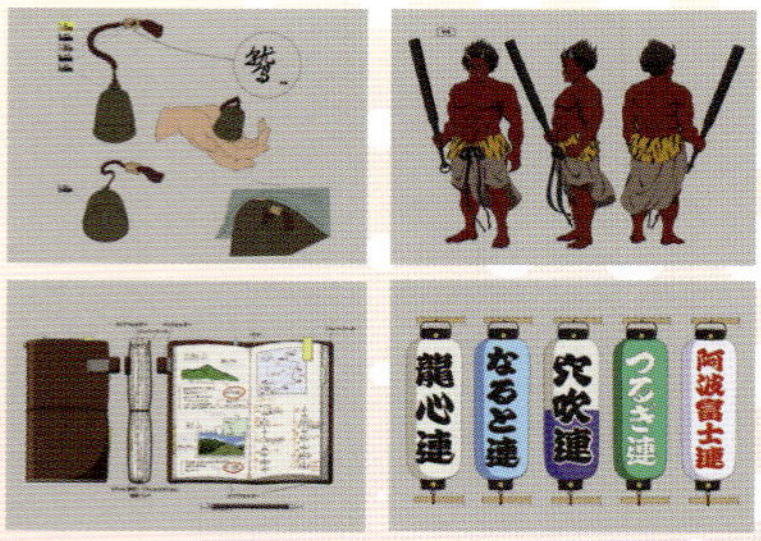

▲色彩設定の資料。

VOICE

「閻魔庁《えんまちょう》のシーンで使用されているSNSのデザインを担当させていただきました。かなりの数があったので案出しは大変でしたが、他の方のお力添《ぞ》えも頂きながら考えました。投稿内容等もリアリティが出るように工夫していますので、目を凝《こ》らして見ていただけると面白《おもしろ》いかもしれません」（椿《つばき》 優花《ゆうか》）

▲SNSのハリコミ素材。

キャラクターの対比表。▼

第一原画

絵コンテに基づき、動きの要所となる線画《せんが》を描く仕事です。舞台となる背景やキャラクターの位置、カメラワーク等の画面設計をした後、シナリオに合わせてキャラクターの演技をつけていきます。

VOICE

「見どころは阿波踊《あわおど》りのシーンです。挿入歌『高越山《こおつさん》』の魅力《みりょく》を引き立てる映像になっていれば幸いです。徳島の血筋《ちすじ》なこともあり、熱が入りました。女踊《おんなおど》りの資料を何度も見ながら描いた思い出深いシーンです。ロケハンで観た『ぞめき』もとても楽しかったです。徳島最高！ 皆さん、ぜひ今年の夏は徳島に行って『ドラゴン・ハート体験』をしてみてください。きっと不思議な体験が待っています」（E.S.）

VOICE

「もし霊界探訪できるなら、自戒《じかい》のために地獄を見学しに行きたいです。いちばん怖《こわ》いのは、やっぱり病院地獄かな……」（M.M.）

動きのポイントとなるシーンを描いた線画。

VOICE

「折々に流れる楽曲は、大川《おおかわ》隆法《りゅうほう》総裁先生が作詞・作曲されています。
美しい映像と共に、その歌詞を深く味わっていただければ幸いです」（M.T.）

VOICE

「現代の地獄《じごく》のありようを知った主人公二人の衝撃《しょうげき》、地獄で苦しむ人々を助けられるようになりたいという決意。端々《はしばし》に描かれている二人の心の成長が本作の見どころだと思います。映画館で二人と一緒に霊界探訪を味わっていただけると嬉《うれ》しいです」（H.Y.）

第二原画・動画

第二原画は、演出や監督《かんとく》のフィードバックをもとに、第一原画を清書したり、光や影の線を描き足したりする仕事です。動画は、原画を清書して、原画と原画の間の画《え》を追加（中割《なかわ》り）する仕事です。

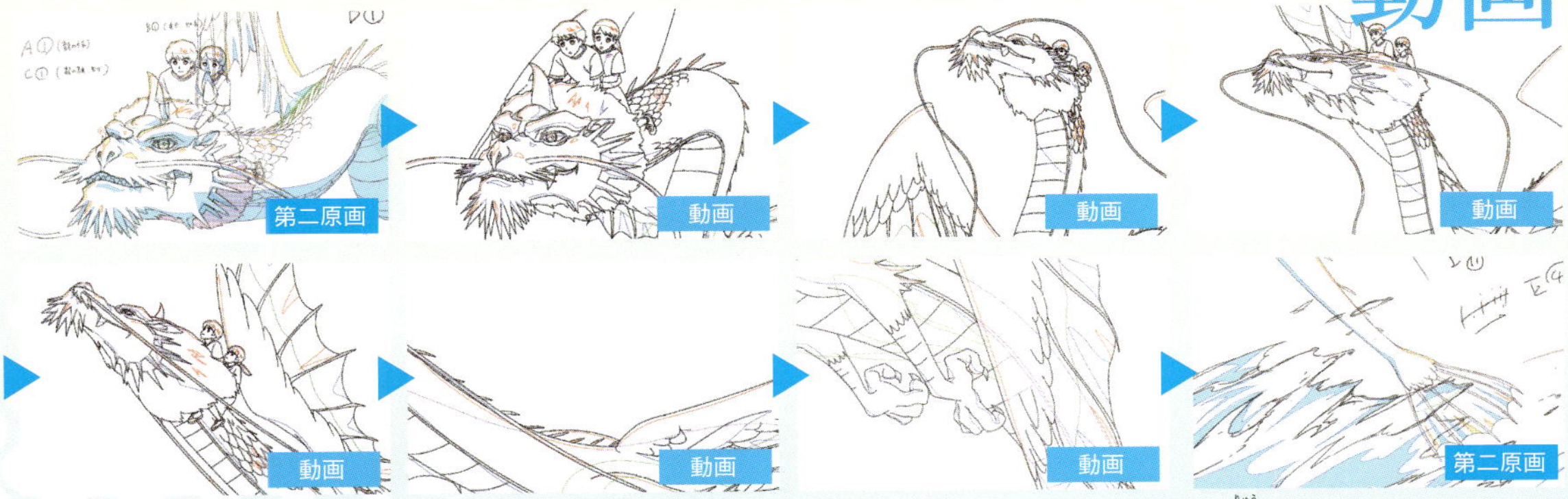

原画をもとに、龍《りゅう》の動きの画を清書していく。

VOICE

「徳島の風景の美しさは見どころの一つだと思います。山の青さや人々の温かさが印象的で、その風景が忠実に描かれていると思います。訪れたことのない方も、本作を通してぜひ徳島の良さを味わっていただければと思います」（N.M.）

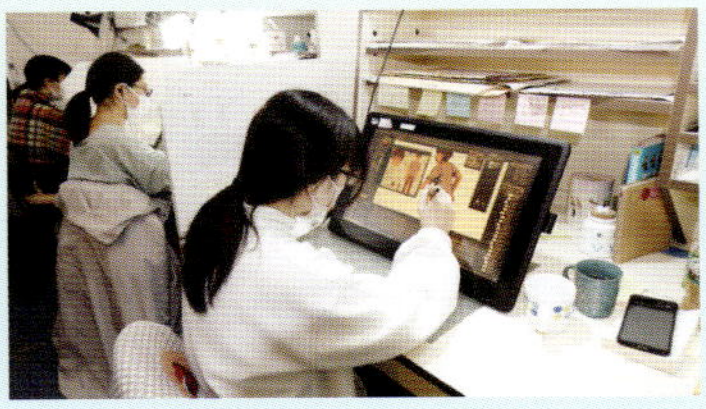

VOICE

「制作期間中に『このニュースは映画に出てくるこの地獄を象徴《しょうちょう》しているみたいだな……』と思うことがよくありました。本作に何らか、皆様の心に残るものがございましたら嬉しく思います」（R.M.）

3DCG・レイアウト

3Dモデルを作成したり、アニメーションの動きをつくり上げる仕事です。奥行きのある空間や、物・建造物・キャラクター等を立体的に描写することができます。流れていく景色や建物をモデリングし、「背景」の下書きにしたり、複雑な形状のキャラクターを様々なアングルで動かして、場面に迫力や説得力を持たせます。

VOICE 「この世界に生きる私たちへ、神様から贈《おく》られた映画だと思います。制作に携《たずさ》わった者ではありますが、私自身もこの映画が大好きで公開が楽しみです。ハラハラドキドキ、ワクワクと感動、そして、その余韻《よいん》まで味わえる映画となっております。竜介《りゅうすけ》たちと共に、霊界探訪へ行ってらっしゃいませ！」（北村紗希《さき》）

今掛監督の指示のもと、龍の動きを3DCGでつくり上げていく。

初期から携わった龍には思い入れも深い。「竜介たちと共に自分もいろんな世界を旅させていただいた、その優しい導き手だったと感じています」（北村）

閻魔庁の扉《とびら》。

VOICE 「閻魔庁は、迫力や存在感があるシーンだと思います。扉が開くシーンでは、重厚感をどう表現するかを工夫しましたので、ぜひ注目していただければと思います」（土井恵莉香《どいえりか》）

撮影

キャラクターや背景等を専用ソフトで合成し、空間や光の演出を加えて最後の仕上げをする仕事です。

VOICE 「徳島や洞庭湖《どうていこ》、シャンバラ、須弥山《しゅみせん》等、美しく表現できるよう透明感にこだわりました。本当にあの世があって、こんなにも現代の地獄が広がっているんだという衝撃、また、その地獄をも支えてくださっている慈悲《じひ》の御存在が、地球神《ちきゅうしん》として実在し、私たちを見守り続けているということを多くの方に知っていただけたら幸いです」（油淺頌子《ゆあさようこ》）

VOICE 「阿波踊りのシーンに携わったのですが、華《はな》やかな衣装の踊り手たちが一丸《いちがん》となって踊っているところは、とても元気づけられます。会場が盛り上がっている雰囲気《ふんいき》をぜひ味わっていただきたいです。霊界探訪を通じて、竜介と知美《ともみ》が真実を知り、成長していく姿が、観てくださる方の励《はげ》みになると嬉しいです。龍に乗って様々な世界に出合える冒険《ぼうけん》をぜひお楽しみください」（津金《つがね》ひかり）

龍の背中に乗る二人。風に舞《ま》う花びらの撮影処理を行っている。

撮影を行う前の画像（左画像）と、撮影処理をした後の画像(右画像)。

VOICE 「龍がお気に入りのキャラクターです。アクロバティックな動きをしながら背中に乗っている竜介と知美を振り落とさないテクニックがすごいなあと思います」（増山《ますやま》ふう）

制作進行

作業者が快適《かいてき》に作業できるように、素材入れをしつつ、コミュニケーションを取る仕事です。

演出の指示や原画用紙等が入っている「カット袋」を確認中。

VOICE 「『地獄のシーンの鬼気迫《ききせま》る感じと、光の世界に入ったときの美しい感じの対比』、『人がどうして地獄に堕《お》ちてしまうのか。また、堕ちたらどうなってしまうのか』が、鮮明《せんめい》に分かる作品になっているところが見どころだと思います。主人公の竜介と知美と共に、地上に生きていて味わったことのない体験ができる映画になっているので、楽しんでいただけたら幸いです」（H.H.）

VOICE 「もちろん、地獄には行きたくないが、今まで犯《おか》した罪があるからそれはムリか……。皆さんも生きているうちに罪を犯すのはなるべく少なくし、その代わり、少しでも徳《とく》を積みましょう。こういう所に行かれる前に」（張《ジャン》 宰煐《ゼヨン》）

SPECIAL COMMENT

『ドラゴン・ハート―霊界探訪記―』において、迫力ある独自の世界観で様々な地獄の様相を表現されたVisual Effects Creative Directorの粟屋友美子《あわやゆみこ》さんと、作品世界を彩《いろど》る背景音楽を制作された水澤有一《みずさわゆういち》さんに、お話を伺《うかが》いました。

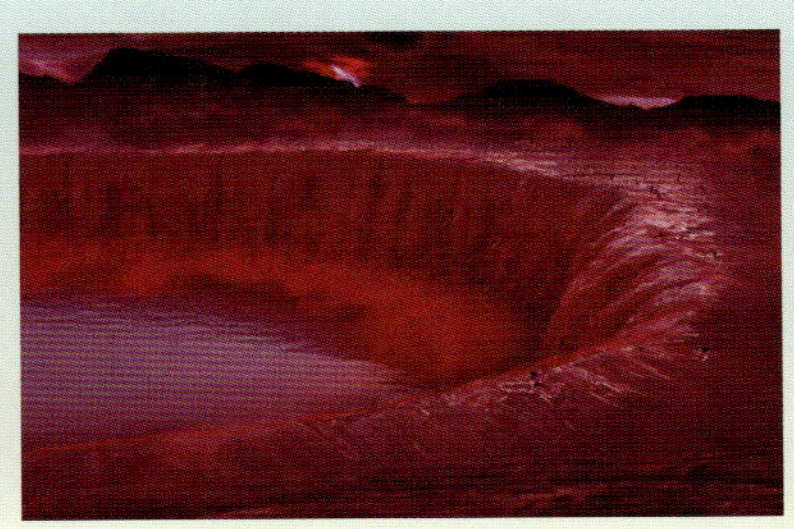

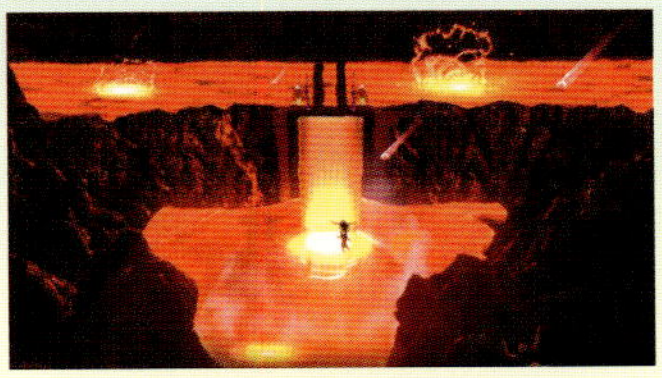

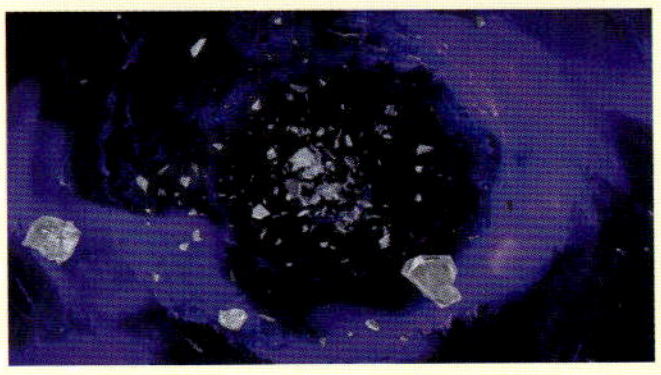

VOICE

Visual Effectで、テロ・戦争地獄から色情《しきじょう》地獄、血の池地獄、焦熱《しょうねつ》地獄、寒冷地獄を経《へ》て、地獄の最深部まで堕ちていく様子をダイジェストで表現するシーンを担当しました。
特にこだわったところは、色情地獄から血の池地獄につながっていくところです。まず、色情地獄に存在する、過去から未来までの様々なエリアと、そこに彷徨《さまよ》う魂たちが、渾然《こんぜん》一体となった世界をつくりました。そして、その世界が、足元から崩《くず》れると、血の池地獄につながっていくという展開にしました。

VFX｜粟屋友美子

音楽｜水澤有一

VOICE

「劇伴《げきばん》」といわれる映画の背景音楽を制作しました。その場の説明をするだけでなく、画的《えてき》には見えないもの、風景の奥にあるもの、予感や過去の出来事の意味等、時間的な感覚をも感じていただけるように工夫させていただきました。

もし、私も霊界探訪ができるなら、「美」という概念《がいねん》の根本《こんぽん》の世界に行ってみたいです。何かで「美」を感じるのではなく、「美」そのものを感じてみたいです。霊界探訪は、自分の外にある世界だけでなく、自分の内なる世界の探訪でもあるのだな、と私は感じました。自分のなかにあるものを見つけることでもあるのかもしれないですね。

「シャンバラから須弥山の神秘と荘厳《そうごん》さ、主《しゅ》エル・カンターレの圧倒的な光は、今作の見どころです」（水澤）

映画『ドラゴン・ハート―霊界探訪記―』オリジナル・サウンドトラック。DiscⅠには大川隆法総裁 作詞・作曲の楽曲を、DiscⅡには劇伴を収録。

作品のテーマや見どころ、製作総指揮・原作 大川隆法《おおかわりゅうほう》総裁が映画に込められた思いについて、大田薫《おおたかおる》総合プロデューサーに話を訊《き》きました。

総合プロデューサー
大田 薫 インタビュー

――本作の特徴《とくちょう》を教えてください。

映画『ドラゴン・ハート―霊界探訪《たんぼう》記―』は大川隆法総裁より原作に当たる御法話《ごほうわ》やストーリーの骨子《こっし》、楽曲等を頂いた作品です。巷《ちまた》には霊界映画も多々ありますが、本作は単なるフィクションではなく、実際に大川隆法総裁が霊的にご覧になった真実の世界を描いているところが最大の特徴です。

例えば地獄《じごく》も、一般的には仏教《ぶっきょう》で伝えられているような釜茹《かまゆ》でや血の池、針《はり》の山等、昔話のようなイメージを持たれているのではないでしょうか。しかし、この映画では「現代版に進化した地獄」が登場します。「現代人の半分以上が地獄に堕《お》ちる」といわれますが、「もし今死んだら行くかもしれない」という地獄の最新事情は、決して昔話でも他人事《ひとごと》でもありません。そういう意味でも、すべての方に観ていただきたい作品です。

もちろん映画として楽しんでもらいたいのですが、やはり、「死後の世界に天国・地獄があること」、「神様がいらっしゃって、世界の人々を救うために働《はたら》きかけてくださっていること」、そして、「神様の御心《みこころ》に適《かな》った正しい生き方をすれば天国に還《かえ》り、悪いことをしたら地獄に堕ちるということ」、こうした霊的真実を知っていただきたいのです。

現代は家庭や学校でも霊的な教えを知る機会は少ないでしょう。しかし、これを知らないと、死後大変なことになります。人は亡くなった後も霊として存在し続けます。ただ、あの世を信じない人の多くは、自分が霊になったことに気づかないまま、あの世に還らずこの世に留《とど》まります。「この世地獄」といわれ、この世が地獄の様相になるような問題が起きています。現代人の多くが「この世しかない」と思っているがゆえに、実は霊界も地上も混乱しているのです。せっかく何十年も人生を生きたのに、その終わりが不成仏《ふじょうぶつ》で、縁《えん》ある人に取り憑《つ》いたり地縛霊《じばくれい》になって彷徨《さまよ》うなどという人生は歩んでほしくないものです。やはり、この世でもあの世の幸せにつながるような人生を歩んでいただきたいと思います。

大川隆法総裁が実際に世界観を確認した「桃源郷《とうげんきょう》」のイメージボード。

――見どころはどういうところですか。

正直に言えば全部です。というのも、大川隆法総裁には原作を頂いただけでなく、世界観やキャラクターのビジュアル等も含め、細部に至るまで様々に御指導を頂いているからです。例えば、地球神《ちきゅうしん》エル・カンターレの法衣《ほうい》の色味や登場する霊人の描写《びょうしゃ》等も細《こま》かく御指導いただきました。そのすべてを十分に表現しきることはできませんが、本当に細部まで大川隆法総裁の愛の念《おも》いが込められた作品だと思います。

また、シャンバラという誰も観たことがない秘密《ひみつ》の世界も大川隆法総裁の御指導によって描かれました。『メシアの法』で説かれているように、シャン

実際に大川隆法総裁が霊的にご覧になった
真実の世界を描いているところが最大の特徴です。

バラが実は、マスターやアデプトと呼ばれるような方々が霊的覚醒《かくせい》のための修行をし、霊的な秘儀《ひぎ》を授《さず》かっている場所だということは、具体的に知られていなかったと思います。そして、このような霊場の近くにまで唯物論《ゆいぶつろん》・無《む》神論《しんろん》国家である中国が勢力を拡大しており、今、危機を迎えているということが明かされました。この映画を機に、皆様にも神秘の世界に触れていただき、「シャンバラを護《まも》りたい」という思いを感じていただければ幸いです。

――楽曲についても教えてください。

まず、主題歌「ドラゴン・ハート」は、私自身、「未知の世界に旅立っていく勇気」というマインドセットを持つことが、現代人に大事なことなのではないかと感じました。

挿入歌《そうにゅうか》「Exciting Love」は観ている方にも、龍《りゅう》の背中に乗って冒険《ぼうけん》するワクワク感やドキドキ感、霊界に旅立っていく疾走《しっそう》感を楽しんでいただけると思います。「高越山《こおつさん》」は、徳島の魅力《みりょく》を存分に味わえます。阿波踊《あわおど》りのシーンに切り替わるところの曲調の変化も楽しいです。「From Hell to Hell」は、ロック調《ちょう》で、「心の数だけ地獄が存在する」等、地獄の霊的真相を表した曲です。「シャンバラ」は、「素敵《すてき》な永遠の場所」ということで、その秘密の一端が歌詞でも明かされています。

――ご覧になる方へのメッセージ

普通の中学生だった主人公たちが霊界探訪を通して成長していく姿が魅力的です。二人が、多くの人を助けたいという愛や勇気、使命に目覚めていく姿から、本作をご覧になった方たちにも、「自分は何のために生まれてきたんだろう」ということを心に問いかけてみてほしいです。霊的真実を知り、これまでの人生を振り返りつつ、改めてどういうふうに生きていきたいのかを考えてみていただければと思います。

本作を機に、「霊的世界をもっと知りたい」と思われた方はぜひ幸福の科学のドアを叩《たた》いていただければ幸いです。そして、「地球には主《しゅ》エル・カンターレという神様がいらっしゃる」ということを信じていただきたいです。

「地球の様々な神様を超えて、地球神エル・カンターレがおられる」ということは、宗教的素地《そじ》のある海外の方にも受け入れていただけることだと思います。

そして、「地球神が生まれた地へ行ってみたい」と願われた方々が、映画でも美しく描かれている徳島に聖地巡礼《じゅんれい》されることを祈念《きねん》しています。

「地球神エル・カンターレとの出会いのシーンはしっかり見ていただきたいです。地球の至高神《しこうしん》である主エル・カンターレと地球の神々のお姿の対比、地球神の偉大さをぜひ大きなスクリーンでご覧ください」（大田）

KAORU OTA

幸福の科学常務理事兼メディア文化事業局長兼ニュースター・プロダクション（株）代表取締役社長。関西学院大学卒業後、住友生命保険に入社。1990 年、幸福の科学に奉職。専務理事、事務局長等を歴任し、2019 年より現職。

01 大川隆法ベストセラーズ
霊的世界観の真実

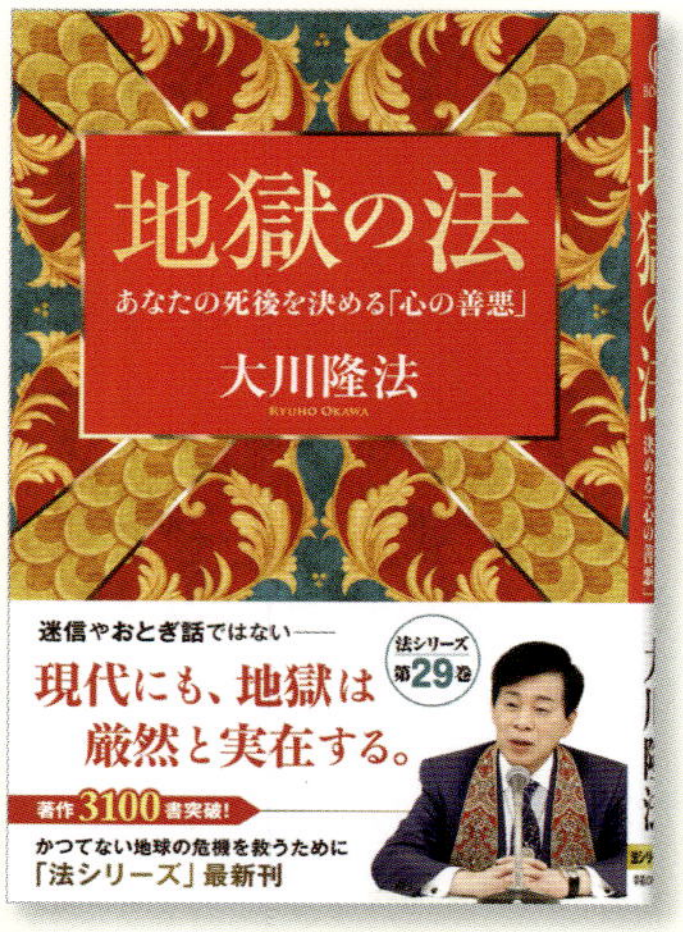

2,200円

『地獄の法』
あなたの死後を決める「心の善悪」

現代人の大部分に教えるとするならば、やはり、「地獄の存在」というのは、もっと身近に知っていただきたいなという気持ちがあります。これも、大きな意味での「救世の法」にもなりますし、「救い」にもなるだろうと思うのです。

第1章　地獄入門 より

第１章　地獄入門
第２章　地獄の法
第３章　呪いと憑依
第４章　悪魔との戦い
第５章　救世主からのメッセージ

『永遠の法』
エル・カンターレの世界観

2,200円

人が死後に旅立つあの世の世界の真実とは。天国と地獄をはじめ、霊界の次元構造を解き明かした、霊界ガイドブックの決定版！

『真実を貫く』
人類の進むべき未来

1,760円

世界紛争、誤った科学主義、無神論唯物論国家の台頭……。地球神エル・カンターレが、世界の危機を乗り越えるための指針を示す。

『悟りを開く』
過去・現在・未来を見通す力

1,650円

本来の自己とは。人はどこから来てどこへ往くのか──。霊的世界や魂の真実、悟りへの正しい修行法、霊能力の真相等が明らかに。

『地獄に堕ちないための言葉』

1,540円

仏の叡智が短い言葉に凝縮された書き下ろし箴言集。大川隆法総裁が“目撃”した最新の地獄界の様相と地獄脱出のための真理。

02 大川隆法ベストセラーズ
主なる神エル・カンターレの愛

2,200円

『メシアの法』

「愛」に始まり「愛」に終わる

あなた方の主なる神を愛せよ。

それは、あなた方を最も愛している存在である。

「無心」になって、素直になるがよい。

この世界の始まりから、終わりまで、あなた方と共にいる存在、それがエル・カンターレ、あなた方の魂の父にして母でもある存在である。

あとがき より

第１章　エローヒムの本心
第２章　今、メシアが語るべきこと、なすべきこと
第３章　メシアの教え
第４章　地球の心
第５章　メシアの愛

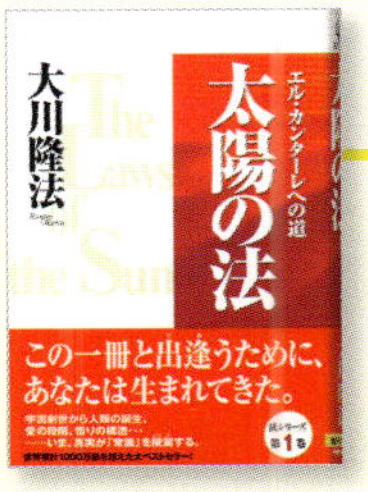

『太陽の法』

エル・カンターレへの道

2,200円

創世記や愛の発展段階、悟りの構造、文明の流転、霊的世界の様相、そして主エル・カンターレの使命を示した仏法真理の基本書。

『信仰の法』

地球神エル・カンターレとは

2,200円

民族や宗教の違いを超えて、地球を一つにするために―。文明の重大な岐路に立つ地球人類に向けた地球神からのメッセージ。

『永遠の仏陀』

不滅の光、いまここに

1,980円

大宇宙を創造した久遠の仏陀が、生きとし生けるものへ託した願いとは。

人類の魂の親による言魂が、あなたの心に響く。

『地球を包む愛』

人類の試練と地球神の導き

1,760円

日本と世界の危機を乗り越え、希望の未来を開くために―。天御祖神の教えと、その根源にある主なる神の考えが明かされた一冊。

書籍はすべて幸福の科学出版刊。表示価格は税込10%です。

03 大川隆法ベストセラーズ 映画『ドラゴン・ハート―霊界探訪記―』関連

『映画「ドラゴン・ハート ―霊界探訪記―」原作集』

芥川龍之介が語る霊界の秘密

大川隆法総裁が、2019年8月に書き下ろされた「映画『ドラゴン・ハート―霊界探訪記―』原作ストーリー」と、本作のために作詞・作曲された5つの楽曲の歌詞、芥川龍之介の霊による2本の参考霊言を収録。

1,760円

1,760円

『地獄界探訪』

死後に困らないために知っておきたいこと

時代と共に変化している、現代の地獄とは？
唯物論や無神論がなぜ間違っているのか？
そして、地獄に堕ちないための生き方とは？
目に見えないものを信じなくなった現代人に伝えたい、リアルすぎる地獄の実態。

04 El Cantare 大川隆法 Original Songs

試聴はコチラ

「ドラゴン・ハート」〔シングルCD〕
映画『ドラゴン・ハート―霊界探訪記―』主題歌
定価 1,100 円　発売 ARI Production

試聴はコチラ

DiscⅠには大川隆法総裁が作詞・作曲した5つの楽曲及び、「From Hell to Hell-Another ver.」、DiscⅡには劇伴（BGM）全28曲を収録。

映画『ドラゴン・ハート―霊界探訪記―』
オリジナル・サウンドトラック〔2枚組CD〕
定価 4,400 円　発売 ARI Production

書籍はすべて幸福の科学出版刊。表示価格は税込10%です。

STAFF & CAST

製作総指揮・原作／大川隆法

キャスト／小林裕介 廣瀬千夏 千葉繁
小村哲生 深見梨加 浅野真澄 武内駿輔 三木眞一郎
園崎未恵 金元寿子 加藤有生子 浅科准平 塙英子

監督／今掛勇
総合プロデューサー／大田薫 宇田典弘（IRH Press Co.,Ltd.）
プロデューサー／齋藤太治 荒井壯一郎 松尾洋平
脚本／「ドラゴン・ハート―霊界探訪記―」シナリオプロジェクト
音楽／水澤有一（MIZ Music Inc.）
Visual Effects Creative Director ／ YUMIKO AWAYA
色彩設定／野地弘納　美術監督／渋谷幸弘 アイヅアヤノ　撮影監督／西村徹也
編集／大畑英亮　アニメーションプロデューサー／守屋昌治
演出／和田裕一 黒瀬大輔　キャラクターデザイン・総作画監督／今掛勇
デジタルエフェクト作画監督／鈴木雅也
作画監督／佐藤陵 しまだひであき 津幡佳明 丸山楓 韓承熙 中森良治 金仙渼 尹秀斌 福永啓人
原画／三宮昌太 田宮衛 浅村蔵阿久 清水奏太郎 里村笑鈴 寺田桃子 矢島光 益田睦子
スタジオエル コスモプロジェクト スタジオギガ
第二原画／村山友良 中山南泉 増澤璃々愛 isform CJT studio Cj スタジオエル海外動仕部
動画／宮崎望美 CJT studio Cj スタジオエル海外動仕部 SPJ 星山企劃
色指定・仕上げ検査／野地弘納 吉岡美由紀 田中文子 沼田千晶 平野孝治
背景／今掛琳 山形真由佳 株式会社GAKIproAstudio Y.A.P. ㈲石垣プロダクション Bamboo
VFX ／ VISUAL MAGIC　NICE+DAY（Tokyo）　NICE+DAY BOY（Thailand）　NICE+DAY（Los Angeles）
NICE Robo（Mumbai）　Halo Pictures　VEGA DIGITAL　RIDDLE
撮影／油淺頌子 増山ふう 津金ひかり 原田勉之　撮影協力／スタジオエル
3D-CGI ／北村紗希 土井恵莉香　Mr Positive 合同会社
録音調整／内田誠　音響効果／森川永子　アフレコ演出／今泉雄一　キャスティング／川島直樹
音響制作担当／志田直之 高橋杏奈　音響制作／東映デジタルセンター
音楽協力／田畑直之 平野真奈 眞島武将 古賀晃人 原田汰知 岩﨑光生
DI ／東映デジタルラボ　DI コーディネーター／泉有紀
協力／東映ラボ・テック ちゅらサウンド 東映東京撮影所　タイトル／竹内秀樹（サバタイトル）
制作進行／東遥奈 高城法人 山田優 張宰焕　設定制作／椿優花
アニメーション制作協力／スタジオエル コスモプロジェクト
協力／ ARI Production ニュースター・プロダクション
取材協力／別格本山・聖地エル・カンターレ生誕館　聖地・四国正心館　聖地・四国本部精舎　脇町支部精舎

制作スタジオ／ HS PICTURES STUDIO　配給／日活　配給協力／東京テアトル
製作／幸福の科学出版株式会社

『ドラゴン・ハート―霊界探訪記―』
公式ガイドブック

2025年3月24日　初版第1刷
2025年4月15日　　　第2刷

編者『ドラゴン・ハート―霊界探訪記―』製作プロジェクト

発行　幸福の科学出版株式会社
〒107-0052　東京都港区赤坂2丁目10番8号
TEL　(03) 5573-7700
https://www.irhpress.co.jp/

印刷・製本　株式会社 研文社

落丁・乱丁本はおとりかえいたします
Printed in Japan. 検印省略
ISBN 978-4-8233-0445-3 C0074

P06-15,P34-35 Birth Brand/Shutterstock.com　P27,29,47,49,51 Birth Brand/Shutterstock.com
P06,08,10,12,14 wfloresarts/Shutterstock.com　P28,29,35 Amjad Ali 2/Shutterstock.com
P42-43 Olga 27/Shutterstock.com　P46-51 Kwangmoozaa/Shutterstock.com